禤駿遠 著

責任編輯：錢舒文
封面設計：張　毅
版式設計：趙穎珊
排　　版：高向明
印　　務：龍寶祺

糖衣的國度

作　　者：禤駿遠
書法題字：禤駿遠
出　　版：商務印書館（香港）有限公司
香港筲箕灣耀興道3號東滙廣場8樓
http://www.commercialpress.com.hk
發　　行：香港聯合書刊物流有限公司
香港新界荃灣德士古道220–248號荃灣工業中心16樓
印　　刷：美雅印刷製本有限公司
九龍觀塘榮業街6號海濱工業大廈4樓A室
版　　次：2025年7月第1版第1次印刷

ISBN 978 962 07 0672 1
Printed in Hong Kong

目錄

前言

《糖衣的國度》一書嘗試解構並深入探討以英美為首的西方世界，如何巧妙運用意識形態，一方面高舉道德的大旗，將自身塑造成全球文明的燈塔；另一方面，又憑藉這種道德優勢，在國內與國際維繫其權力與利益結構。西方的全球擴張，從來不僅僅是軍事上的征服，更是一場話語的表面勝利與敍事的制霸。本書旨在揭示這一過程如何運作，合理化剝削與支配，甚至讓被壓迫者心甘情願地相信，這就是歷史和文明的必然進程。

《易經》曰：「形而上者謂之道，形而下者謂之器。」本書所揭示的邏輯亦然：前兩部分「天命昭昭」與「自由之名」屬於「道」的層面，是西方擴張邏輯的抽象理念與核心信仰——天命是其內核，自由則是其對外展現的形式；第三、四部分「為民服務」與「世界警察」則屬於「器」的層面，是這套意識形態的具體實踐與制度工具。西方政權與資本首先在本國人民身上測試與磨練這套治理機制，隨後將其輸出至全球，形成一種由內而外、既內向又外放的支配秩序。這四層結構如同同心圓，自中心思想而制度安排、由國內施行而推向全球，既是邏輯部署，也是戰略工程。

更進一步來說，第一部分「天命昭昭」探討以美英為首的西方如何在基督教一神論的基礎上，融合對古羅馬帝國的歷史幻想，構建出一套「天命論」的敘事體系，將自身的對外擴張合理化為天命所歸、文明推進的必經之路。對美國的建國者與當代精英而言，擴張不只是權利，更是一種歷史責任，甚至是一項對世界的「恩賜」。

第二部分「以自由之名」則分析西方政商菁英如何將「自由」這一理想，與資本主義的現實邏輯深度綁定，使其成為最有效的治理工具。這套體系的高明之處，在於它能讓被壓迫者深信自己是自由的，並甘願接受不平等的資源分配與競爭規則。當「自由市場」被塑造成天經地義的自然法則，剝削不再是問題，反而成為成功的標誌與個人奮鬥的目標。

第三部分「為民服務」揭示西方資本世界如何透過「民主」、「人道」、「社會福利」等政治語彙，對內部大眾進行長期剝削。許多打着公益名義的制度安排，實際上是企業與特權階層累積資本的工具，將原屬公共的資源悄然轉化為私有財富。當政府與資本緊密結合，「服務人民」的口號，反而成了系統性剝削的合法外衣。

第四部分「世界警察」回顧自 19 世紀以來，西方列強如何透過軍事、經濟與文化手段，確立並維持其全球主導地位。即使在二戰後殖民體系名義上解體，西方仍透過國際組織、貿易規則與話語權，掌控全球資源流動與規則制定。「殖民」雖已從地圖上淡出，但其機制仍以「新殖民主義」之名持續運作。

本書試圖揭示的，正是西方世界如何在道德敘事與現實利益之間取得精巧平衡，將其擴張與控制包裝得既合理又自然，甚至讓被支配者也深信不疑，認為這就是世界應有的樣貌。當剝削被粉飾為「進步」，當秩序制定者壟斷了正當性的話語權，我們是否還能從中辨識出權力的真相？又該如何重新審視這個自稱文明的世界？這，正是本書所希望提出的問題。

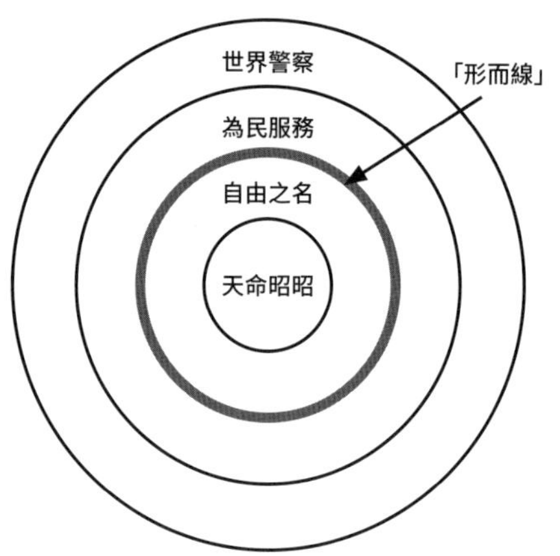

第一章 天命昭昭

章前導言 ★★★★★★★★★★★★★★

「歷史不會重複，但它總是押韻。」千年來，許多強權國家都以自身的擴張為「天命」，將軍事征服、領土擴張包裝成歷史的必然，甚至是對世界的貢獻。在這套敘事裏，羅馬人的帝國夢想與基督教的信仰結合，最終在美國轉化為「昭昭天命」(Manifest Destiny)，為西方世界的全球擴張提供了道德正當性。從羅馬時代開始，西方世界便習慣以「文明」的名義行動，而美國的興起，則是這種傳統的現代延續。

羅馬帝國的擴張理念深植於其宗教與歷史敘事之中。詩人維吉爾在《艾尼亞斯紀》中寫道：「我對羅馬人沒有時空的限制，我賜予他們無盡的帝國。」羅馬人不僅相信自己是地中海世界的主宰，更視帝國擴張為神意的展現。他們將軍事征服合理化為「文明的傳播」，認為羅馬法律、基礎建設和社會秩序是對被征服者的「賜予」。這種信念賦予羅馬帝國驚人的行動力，使其疆域從英倫三島延伸至中東與北非。然而，這種擴張模式的代價是無休止的軍事衝突與財政透支，最終導致帝國內部的不穩與崩潰。

這種羅馬式的帝國敘事，在美國的興起中得到新的生命。19 世紀中葉，美國評論家約翰・歐蘇利文 (John L. O'Sullivan) 提出「昭昭天命」，主張美國有「天命」將民主與基督教文明傳播至整個北美洲乃至全球。這一思想為美國的西進運動提供了正當性，掠奪印第安人的土地、吞併墨西哥的領土，甚至後來的海外擴張，都變得理所當然。與羅馬人相似，美國人也將自身的擴張視為歷史的必然，並且相信這是一種「文明對野蠻」的勝利。

這套擴張邏輯並未止步於19世紀的美洲大陸，而是隨着美國的崛起轉化為全球戰略。在20世紀，從美西戰爭到冷戰時期的干預政策，美國透過軍事行動、經濟控制與外交手段，實現了「和平擴張」，並進一步強化自身的國際話語權。羅馬帝國曾依靠軍團維持地中海的統治，美國則利用國際組織、貿易體系與文化影響力，塑造現代世界秩序。儘管形式不同，本質卻異曲同工。

但是，歷史也提供了另一種啟示：帝國的擴張往往伴隨着衰落的種子。羅馬的財政危機、軍費負擔與社會分裂，最終導致了帝國的瓦解。如今的美國，也面臨着經濟壓力、軍事開支過高、社會極化等挑戰。當美國不再擁有絕對優勢時，它是否仍能維持「昭昭天命」的敘事？

霸業天授的羅馬與美利堅

His ego nec metas rerum nec tempora pono; imperium sine fine dedi.

「*For the Romans I place neither boundaries nor time limits on power; I have given them empire without end.*」

「我對羅馬人沒有時空的限制，我賜予他們無盡的帝國。」

Aeneid

《艾尼亞斯紀》，1.278-279

《艾尼亞斯紀》是古羅馬「桂冠詩人」維吉爾（Publius Vergilius Maro）於公元前 29 年至前 19 年創作的史詩，敘述了艾尼亞斯在特洛伊（Troy）陷落之後輾轉來到意大利，最終成為羅馬人祖先的故事。以上引文出自《艾尼亞斯紀》卷一，是羅馬神話中眾神之王朱比特（Jupiter）的神喻，也可說是羅馬人對自身帝國領土擴張的理解。

自公元前 3 世紀起，羅馬共和國已經開始併吞他國並設立行省。公元前 27 年，屋大維（Gaius Octavius）改名奧古斯都（Julius Caesar Augustus），成為羅馬帝國的立國君主。自此，歷任羅馬重帝開始延續超過一個世紀的征戰擴張。羅馬帝國在公元 117 年、第十三位皇帝圖拉真（Trajan, Marcus Ulpius Nerva Traianus）治下，達到了全盛時期的最大版圖。這個時期的羅馬帝國版圖包括了現今的歐洲南部、西部和中部地區、北非，以及西亞。具體來說，這些地區包括現在的英國、法國、西班牙、意大利、希臘、土耳其、以色列、埃及、突尼斯等國的土地。在帝國的全盛時期，羅馬人自豪地稱地中海為「*mare nostrum*」，意即「我們的海」，表明這片大海以及其相鄰的土地都在帝國治下。羅馬人建立建全的道路網絡，並以此將自己的文化、法律、語言和制度帶到了他們佔領的土地上。從《艾尼亞斯紀》的文字可見，羅馬人相信擴張就是其帝國的命運，是諸神也無法改變的推展。這種信仰讓羅馬人有一種所向無敵的感覺，因為他們將自己帝國的擴張與其宗教信仰結合起來。這點，倒是與美國的「昭昭天命」（Manifest Destiny）理念非常相似。

1845 年，約翰・歐蘇利文在討論美國應否吞併德克薩斯州和俄勒岡州時寫道：「美國吞併德克薩斯共和國，不僅因為德克薩斯州希望這樣做，而是因為我們美國有『昭昭天命』。」當時他並沒有想到這段文字會有如此深遠的意思。然而隨着時間推移，「昭昭天命」開始成為社會思潮並被廣泛接受，並尤為信奉「大陸主義」——即美國終將吞併北美洲全境——的支持者歡迎。在此意識形態背景下，美國在

19 世紀收購、合併了俄勒岡、德克薩斯、新墨西哥和加利福尼亞四州土地，將國土擴展至太平洋。在美國內戰結束後，「昭昭天命」被再度提起，以支持收購阿拉斯加的計劃。在各西部擴張期間，美國人佔據了大量原為印地安人所有之地；而「昭昭天命」正為這個行徑提供了藉口。當時部分美國人相信，美國的擴張是不可避免的，並且是一種「文明」對「野蠻」的勝利。在這個信念下，美國政府基本上只是有限度承認美洲土著的土地權利，並着力將原住民遷移到所謂的「印第安保留地」(Indian Reservation)。

在 19 世紀和 20 世紀之交之後，「昭昭天命」一詞的使用量逐漸下降，因為領土擴張不再被視為美國「命運」的一部分。然而，「昭昭天命」關於擴張的根本想法卻從沒有被摒棄，而是過渡成美國式的帝國主義。1898 年，美國在美西戰爭擊敗西班牙，獲得其菲律賓殖民地。同年，美國正式兼併夏威夷，將之變成其海外領地。兩場衝突都反映美國在完成其「昭昭天命」的大陸擴張後，開始向太平洋擴展其影響力。1904 年，在老羅斯福總統 (Theodore Roosevelt Jr.) 的領導下，美國重新自我定位為保護自身西半球利益的「國際警察力量」(International police power)。羅斯福明確拒絕領土擴張，但卻採取積極干預主義。一戰前後，威爾遜總統 (Woodrow Wilson) 進一步重新塑造美國的天命觀，強調美國

「必須讓世界變得安全、有利於民主」。二戰以後，隨着美國的國際實力大增，美國將自己視為「自由世界」領導者，進一步加強了他賦予自己的「天命觀」。直到 21 世紀，我們所身處的世界仍然深受美國「昭昭天命」理念的影響。例如，喬治布殊總統（George W. Bush）發動阿富汗及伊拉克戰爭時，都仍以促進和捍衛全球民主為說詞，基本上和一個世紀前羅斯福的思想如出一轍。

由此看來，羅馬人和美國人對領土擴張一事有一點非常相似，那就是他們都相信其擴張是天命使然，並以此而感到自豪。反觀與羅馬帝國同時期的漢王朝，卻是崇尚和平，主張教化而非征服。西漢儒學家董仲舒在《春秋繁露・郊語》中便寫道：「天下和平，則災害不生；天下所未和平者，天子之教化不行也。」就結果而言，漢朝與羅馬同樣滅於北方遊牧民族。永嘉五年（311 年）永嘉之亂爆發，令中國進入長達近三個世紀的南北分裂；公元 447 年，羅馬帝國則因被稱為「上帝之鞭」的匈奴王阿提拉入侵而步入衰亡。然而，中原王朝能夠重新自立，再建隋唐盛世；羅馬帝國卻在 1453 年君士坦丁堡陷落後，自此成為歷史。老祖宗常言的「止戈為武」、「厚積薄發」，用千年來的數據來證明，原來真的是大智慧。

美國福音派基督教發展史

美國是其中一個最早擁護宗教自由的國家；同時，它也是現代基督教色彩最濃厚的西方國家。最能代表美國基督教背景的，無疑是印在美鈔上的格言「In God We Trust」，意即「我們信仰上帝」。然而，鮮為人知的是，「In God We Trust」並非美國立國之初的格言。1782 年，美國國會議決將「合眾為一」(E Pluribus Unum) 印在國徽上，成為美國實際上的格言；直到 1956 年方被「In God We Trust」取代。美國格言的變更，反映了基督教在美國兩百多年歷史上的轉變。

在美國建國初期，宗教自由是立國精神的支柱之一。13 個殖民地的居民大多來自歐洲，許多人為了逃避宗教迫害，遠渡重洋來到新大陸。在歐洲，國教制度盛行，宗教與國家權力緊密結合，異端信仰者常遭受壓迫和迫害，新世界為他們提供了一片可以自由崇拜和實踐信仰的土地。美國的開國元勛深受啟蒙思想的影響，強調個人自由、理性和權利。他們認為，宗教信仰應該是個人與上帝之間的私事，政府不應干涉。在托馬斯・傑佛遜 (Thomas Jefferson) 起草的《維吉尼亞宗教自由法令》(1779 年) 中，明確規定了宗教信仰自由和政教分離的原則。法令開篇指出：「全能的上帝創造了自由的思想……」，接着指出強迫他人支持其不相信的宗教觀點是「罪惡且專制的」。這一原則進一步被納入美國憲法第一修正案（1791 年），正式確立了政教分離的原則。這在當時的世界是獨一無二的，因為大多數西方國家都設有國教，宗教自由受到嚴格限制。

19 世紀初期，美國經歷了第二次大覺醒（Second Great Awakening），這是一場深刻影響美國社會和文化的宗教復興運動，福音派新教徒在此期間迅速崛起。與傳統基督新教不同，福音派強調個人與上帝之間直接、熱情的內心體驗，主張透過信仰實現靈性的重生。傳教士舉辦大型的營地聚會（Camp Meetings），以戲劇化的佈道和熱烈的音樂吸引了成千上萬的信徒。這種福音派運動具有明顯的民主特性。它拒絕傳統宗教的權威和教條，鼓勵普通民眾積極參與，賦予他們發聲的機會。這種新的宗教形式，讓社會中被邊緣化的女性和非裔美國人在福音派教會中找到了力量和歸屬感。到 1850 年，約有三分之一的美國人定期參加教會活動。福音派基督教不僅改變了宗教的實踐方式，還深刻影響了美國的社會結構。女性開始組織自己的宗教和慈善團體，非裔美國人也建立了獨立的教會。

另一方面，在福音派基督教的影響下，美國人逐漸形成了一種強烈的使命感，即「天命論」。1845 年，約翰・歐蘇利文提出，美國有「明確的天命去擴展並佔領上帝賜給我們的整個大陸，以推動自由和聯邦自治」。這種思想源於白人美國人對自身種族和文化的優越感，他們自認為是上帝選擇的民族，有責任將基督教文明和民主制度傳播到整個北美大陸。天命論成為美國西部大開發的理論基礎，推動了 19 世紀中期的領土擴張。美國移民向西遷徙，與大平原的印第安人和西南地區的墨西哥人發生了衝突。他們視這些土著居民為「劣等民族」，認為有權佔領他們的土地。福音派傳教士常常走在擴張的前沿，為美國的領土擴張提供了宗教上的正當性。天命論所隱含的種族主義和文化優越感，對美國社會產生了深遠的影響。

19 世紀的福音派基督教在美國不僅推動了西部擴張，也深刻地影響了對奴隸制的討論。隨着第二次大覺醒的宗教熱潮，奴隸制逐漸被視為一個道德和宗教問題。北方的福音派人士強烈譴責奴隸制，認為它違背了基督教的倫理和「人人生而平等」的信念。他們積極參與廢奴運動，呼籲解放奴隸，並將奴隸制視為一種社會罪惡，必須被根除。與此同時，南方的福音派教徒則利用宗教為奴隸制辯護。他們聲稱《聖經》允許奴隸制，強調維護社會秩序和傳統價值的重要性。他們認為奴隸制是上帝計劃的一部分，奴隸應該服從主人，這種觀點在南方社會得到廣泛支持。這種宗教上的對立使奴隸制問題難以通過政治妥協解決。隨着雙方立場的日益強硬，奴隸制成為國家分裂的主要因素。宗教教義都是仁者見仁，智者見智。問題是，這種「只有我方擁有真理」的態度，終讓兩方都要對方殺身成仁。

福音派崇尚傳教，傳教的基本邏輯是真理在我的那一邊，如果不信我們版本的基督教，你將會永遠在地獄裏燃燒。因此，為了讓所有人獲得永生，福音派傳教士不遺餘力地走到全世界。同樣，美國人「信仰」他們的政治制度，認為它遠優於其他發展中國家。為了「拯救世界」，他們到世界不同的國家推廣這種「只有我對」的西方式民主。既深信「真理」在他己方，美國的推廣力度也同樣徹底，亦不會因為任何客觀的情況調整這個信念。換句話說，從美國福音派基督教的發展歷史，就能讀懂近兩百年來美國對外關係的態度。

門羅宣言——掛自由幌子之霸權

拉丁美洲時常被稱為美國的後花園（America's Backyard）。的確，在過去近兩個世紀，美國打着自由、民主、打擊毒梟等名義，持續干涉南美地緣政治。要了解美國對南美的外交政策，必須由門羅主義（Monroe Doctrine）談起。

19 世紀初，乘着歐洲列強陷於拿破崙戰爭泥沼之中，南美的殖民地紛紛獨立成為共和國。但 1815 年拿破崙戰爭結束後，歐洲列強又再開始對美洲大陸虎視眈眈。西班牙在俄國、普魯士和奧地利組成的神聖同盟（Holy Alliance）支持之下，嘗試收復南美的前殖民地；俄羅斯則宣稱擁有俄勒岡的主權。美國發現自己正面臨西南兩面夾攻之困境。一個意想不到的國家——英國——在此時伸出了援手。自獨立戰爭後，英美關係一直不佳，但英國卻在此時向占士・門羅政府（1817—1824）提出發表一個共同宣言，反對神聖同盟干涉西半球。在擊敗拿破崙以後，英國成為了當時世界上的首要強權，而美國仍然只是二線國家，故時任美國總統占士・門羅（James Monroe）對這個聯合聲明非常感興趣。但是，國務卿約翰・昆西・亞當斯（John Quincy Adams）卻更為謹慎；亞當認為美國應該單方面發表聲明，以提升美國作為區域強國的可信度，並避免淪為英國的附庸。他在給總統的信中寫道：「與其追隨英國戰艦的步伐，還不如坦率而莊重地向俄國和法國明確表達我們的原則。」門羅主義由此誕生。1823年12月2日，門羅總統在國會發表了著名的門羅宣言。門羅的講話提出了三個基本原則：首先，門羅宣稱整個西半球現在都處於美國的影響範圍之內；其次，他明確指出歐洲列強需要停止在西半球的殖民活動；最後，美國將保持中立，並獨立於歐洲事務或衝突之外。這些原則後來成為19世紀中期美國外交政策的基礎。

門羅主義標誌着美國與拉丁美洲之間關係的開端。然而，門羅主義在當時主要只有象徵意義，欠缺軍事力量支持，並未能阻止歐洲違反門羅警告的行動，比如英國在1833年吞併了阿根廷的福克蘭羣島，西班牙在1861年重新對聖多明各（今多明尼加共和國）實行殖民控制；拿破崙三世在美國內戰期間更試圖在墨西哥建立一個法國傀儡政權。直到19世紀末期，美國仍然忙於鞏固其自身在北美大陸——特別是西部——的領土。同時，諷刺的是，拉丁美洲各國當時受到門羅總統的宣言非常多的鼓舞。

不過，隨着美國國力因着工業化而日漸增強，門羅主義的意涵亦在20世紀初開始改變，美國開始對歐洲列強採取更強硬的取態。1902年，英國、意大利和德國的軍艦開始在委內瑞拉海岸巡弋。這一事件促使狄奧多・羅斯福總統於 1904 年作出明確聲明，宣稱美國作為「國際警察力量」有權利和責任遏制「持續的不法行為」。接下來的二十年裏，美國軍隊登陸多米尼加共和國、海地和尼加拉瓜等國，公開進行干預。美國對南美積極干預的政策，在 1930 年代大蕭條及第二次世界大戰時稍為放緩。當時富蘭克林・羅斯福總統推行了「睦鄰政策」，強調通過協商與合作來取代以軍艦和美國海軍陸戰隊的干預行為。

但隨着二戰結束、冷戰開始，門羅主義又再次成為美國的影子外交政策。1962 年古巴導彈危機期間，約翰・F・甘迺迪總統援引門羅主義，對古巴進行海上和空中隔離。這一行動被視為門羅主義的直接延續，表明美國不容許任何外部勢力在西半球插手拉丁美洲事務。1980 年代，列根總統聲稱為了應對共產主義的擴張威脅，對薩爾瓦多和尼加拉瓜進行了強硬的軍事和經濟干預。同樣，老布殊總統援引門羅主義的傳統，批准美國入侵巴拿馬，推翻當地的軍事獨裁者曼努埃爾・諾列加（Manuel Antonio Noriega Moreno）。這些行動進一步加深了門羅主義在美國與拉丁美洲關係中的影響，使其從最初的防禦性政策轉變為積極的干預手段。冷戰結束後，美國在拉丁美洲的軍事干預有所減少。然而，美國在該地區的影響力依然強大，尤其是在經濟和政治層面上，通過經濟制裁、外交施壓和支持盟友政權來維持其在西半球的主導地位。例如，北美自由貿易協定（NAFTA）和跨太平洋夥伴關係協定（TPP）的簽訂表明，美國仍然將拉丁美洲視為其經濟和地緣政治利益的核心地區。

透過重新檢視門羅主義的前世今生，可以看到它充滿了矛盾和爭議。最初，它是一項旨在保護新興拉丁美洲共和國不受歐洲殖民主義侵害的政策，但最終卻被用於合理化美國對該地區的干預。對於拉丁美洲國家而言，門羅主義既象徵着美國曾經支持其獨立的時刻，也代表着後來美國持續近兩個世紀的經濟、政治和軍事干涉。然而，也許這些評論家忽視了一個重要現實：門羅主義一直以來就是以「美國利益優先」為前提，這實際上就是在說：「我可以榨取拉丁美洲，但其他人不可以。」門羅總統 1823 年沒有立刻出兵干預，也許只是當時心有餘而力不足而已。

誰說羅馬有皇帝？

中國歷史綿延幾千年，古老的文明能夠延續至今的，除了中華民族以外沒有多少個。古巴比倫，古波斯，古印度和古希臘，他們的文化和文明無一不被外面的力量所摧毀或至少改造。唯獨中華文明可以在不停遭受外來挑戰的情況下表現出強大的自我更新能力。每次外族入侵，我們總有辦法用我們的文化魅力把它吸納甚至融為一體，例如旗袍從滿人女子的「旗裝」演變而來，現在已經成為中國文化一個不能缺少的部分。

中國文化的韌性在哪裏？西方幾千年的古文明是否經不起時間的考驗？羅馬帝國成立的時候剛是中國西東漢的交匯點，所以很多學者都喜歡把漢朝與羅馬帝國比較。西羅馬帝國過了幾百年以後，在公元476年灰飛煙滅。東羅馬帝國苟延殘喘到公元1453年，但最後幾百年基本上只是一個城池而已。中華民族則不然。雖然經歷過永嘉之亂、安史之亂、靖康之變、蒙古入侵、滿清入主中原，到最後還是外族融入到中華民族的大家庭裏。

歷史上，能夠長期統一歐洲和地中海地區的，只有羅馬帝國而已。為甚麼羅馬不能像中國那樣建立一個統一而有持續性的文明和帝國呢？其中一個原因是兩國的帝制不同，此皇帝不同彼皇帝。羅馬第一任皇帝奧古斯都（Augustus）是他舅公凱撒大帝（Julius Caesar）的最直接男性親屬，帝位可說是他從剛死去的獨裁者之手接過的「遺產」。後來奧古斯都跟同屬凱撒陣營的馬克・安東尼（Mark Anthony）展開爭奪戰，並在公元前 31 年的亞克興海戰（Battle of Actium）取得關鍵性的勝利，從而做了羅馬世界的真正領導者。但登上權力之巔的奧古斯都仍是惶惶不安，彷彿有一把無形的刀在他的頸椎旁邊。他沒法忘記舅公是如何死去的。凱撒統一羅馬之後呼風喚雨、集軍政大權於一身，連他的好友布魯圖（Brutus）也眼紅，更何況其他門閥家族？這決定了凱撒的下場：公元前 44 年 3 月 15 日凱撒在元老院會議遇刺，命喪當場，史稱「The Ides Of March」。

奧古斯都不想重蹈舅公的覆轍，所以雖然擁有無上權威，都不敢以獨裁者或統治者的身份自居，反而說自己是在「再造共和」；跟差不多兩千年以後中國的段祺瑞有異曲同工之妙！眾所周知，奧古斯都是羅馬帝國的開國君主，即第一任皇帝。然而羅馬所謂的皇帝（Emperor）不是我們中國人所了解「皇帝」的概念。中國皇帝是天子，是大權獨攬，是無上權威，更重要的是名正言順。名正言順，因為他的無上權威來自中國儒家父傳子的傳承制度，無可非議。

中國的帝制當然有它的局限性，但穩定秩序的功能無庸置疑。羅馬帝制卻不然，奧古斯都由始至終都不能開宗明義說自己是統治者，而只能夠不停地繞圈子。西方所用的皇帝（Emperor）是拉丁文 *Imperator* 的同義辭，意思是「勝利者」。奧古斯都還有其他封號，比如 Princeps，就是第一公民的意思。這意味着奧古斯都不是天子，而是跟所有公民一樣，只是在所有同類（羅馬公民）中間排行第一而已。用英國作家奧維爾在《動物農莊》（*Animal Farm*）的話說，就是「比其他人更平等」（more equal than others）。他還是 Pater Patriae，就是所有父親的父親。宗教方面，他是 Pontifex Maximus，即是大祭司的意思：他是百姓和羅馬眾神明溝通的橋樑。有人想為他立生祠，他很不高興，說：「若有人燒東西給我求雨，我給不了他們下雨，那怎麼辦？」當然最重要的皇帝名字是 Caesar，就是凱撒的意思。後來德語的 Kaiser，俄羅斯的 Tsar，伊朗的 Shah，都脫胎自 Caesar。其實 Caesar 只是一個家族姓氏而已，奧古斯都用這個姓氏，是要告訴國人他是 Julius Caesar 的合法繼承人（當然這掩蓋不了他把 Julius Caesar 和埃及妖后克莉奧佩特拉七世所生的小兒子弄死的事實）。

名不正則言不順，他有無上權威之實卻沒有無上權威的名號。這並非小事，涉及統治者的合法性（legitimacy）。所以奧古斯都及之後的羅馬皇帝在傳承問題上，都有不確定性。也許正是這個原因，羅馬是輝煌的帝國，也是極端暴力和殘忍的帝國。這種暴力是全方位的，滲透這個帝國的每一角落。英國歷史學家吉本（Edward Gibbon）在《羅馬帝國衰亡史》（*The History of the Decline and Fall of the Roman Empire*）也說：「即使皇位到手，野心家也不會得到長久滿足」（the possession of a throne could never afford a lasting satisfaction to an ambitious mind）。羅馬最長的朝代就是奧古斯都的家族，也不過 90 年（公元前 27 年—公元 68 年），其他的皇朝基本不過兩到三代。從國中國的大一統皇朝，單論國祚，一家一姓就等同於羅馬整個帝國。所以中國的統一和文化延綿的頑強力度，是西方從羅馬帝國統一歐洲以後無法媲美的，足令中國人自豪。

古羅馬帝國吸引美國男性

若問今日誰是引領世界潮流和開創國際時尚的第一推手，答案是中國內地字節跳動公司創辦營運的抖音（TikTok）。抖音最新的熱門話題是美國男性對古羅馬故事的着迷：TikTok 上的「# 羅馬帝國」標籤瀏覽量超過十二億次。成千上萬的男性聲稱，每週甚至每天都會反覆琢磨古羅馬的軍事成就和無遠弗屆的影響力。

古羅馬的「鐵粉」包括臉書創辦人扎克伯格（Mark Zuckerberg）和全球最大對沖基金橋水基金（Bridgewater Associates）的創辦人達利歐（Ray Dalio）。扎克伯格最崇拜的是凱撒遇刺後古羅馬的第一個皇帝奧古斯都（Augustus）。達利歐更厲害，兩年前出版了一本寫羅馬帝國興衰的書，題為《原則：應對變化中的世界秩序》（*Principles for Dealing with the Changing World Order: Why Nations Succeed and Fail*），嘗試從羅馬帝國處理惡性通脹的手法尋找啟示。

事實上，社會精英對羅馬帝國情有獨鍾是西方的文化傳統，最著名的例子是出身於大富之家、後來當選為英國議會議員的吉本（Edward Gibbon）。吉本將他對古羅馬的熱情昇華，寫成傳世的多卷本歷史著作《羅馬帝國衰亡史》（*The History of the Decline and Fall of the Roman Empire*）。在今天，對羅馬帝國、君王和將軍，以至羅馬人的生活大感興趣的是普羅大眾和凡夫俗子。美國婦女在抖音發佈了大量的短視頻，講她們的男友或丈夫對古羅馬的興趣之大和認識之深，令她們嫉妒。古羅馬似乎已經取代汽車和美式足球，成為美國男人最喜愛的消遣娛樂。

為何如此？瑪麗・比爾德（Mary Beard）是英國著名古典學家和劍橋大學古典學教授。她對古典文明研究做出的貢獻令她獲封爵士。她在新書《羅馬帝君——統治古羅馬天下》（*Emperor of Rome: Ruling the Ancient Roman World*）指稱，羅馬帝國已成現代男性的幻想世界和主題公園。每個普通的男人可以幻想自己置身其中，變成雄糾糾的大英雄，甚至是在戰場上奮勇殺敵的戰士。在很多人心目中，羅馬帝國代表停不了的戰鬥，是美劇《權力遊戲》（*Game of Thrones*）的現實版。它是偉大的帝王、善戰的將軍和勇敢的士兵用他們的血汗和生命建立起來的，遍佈羅馬的戰士銅像就是明證。羅馬帝國的皇帝、將軍、勇士和士兵以血淋淋的軍事行動證明他們的男子氣概。古羅馬的男人成為當今男士的英雄、偶像和學習榜樣。

實情是不管人類社會變得多先進和多文明，它的男性成員在心底深處仍然殘留着一個古老的信念：以為自己骨子裏是戰士，要做好隨時上戰場打仗的心理準備。從演化心理學

（Evolutionary Psychology）的角度來看，這是人類「有用」的精神及心理特點，幫助他們克服困難和打敗敵人。古羅馬令今人神往，也是因為它與現代人的生活有或多或少、或間接或直接的關係。例如在無數荷里活電影和美劇出現過的羅馬長袍（Toga，或稱托加長袍），便很有符合現代人審美觀的衣着品味和時尚感。又例如古羅馬以完善的供水和引水系統建設聞名世界，很多人在 TikTok 表示用洗手間時不時會想到古羅馬人在這方面的貢獻。

曾任阿拉伯軍團司令官的英國作家格拉布（John Bagot Glubb）在《帝國的命運》（*The Fate of Empires*）一書試圖找出帝國興衰成敗的規律。他的分析橫跨 3000 年，由公元前 8 世紀末亞述王朝（Assyrian empire）的崛起開始，以上世紀 50 年代大英帝國的沒落作結。論及的帝國王朝還有波斯帝國、古希臘的亞歷山大帝國、阿拉伯人建立的伊斯蘭帝國、馬穆魯克王朝（Mameluke Sultanate）、奧斯曼帝國（Ottoman Empire）、西班牙帝國，以及俄羅斯的羅曼諾夫王朝（Romanov Dynasty）。他發現，以 25 年為一代計，帝國王朝絕少能過 10 代，即存在超過 250 年。他又發現，無論身處何地和要面對甚麼氣候，帝國王朝的發展軌道總是有跡可尋，大致遵循一定的模式和經歷若干類似的階段。第一個階段是「爆發期」（Outburst），一直不為鄰國重視的小國突然大爆發，在驍勇善戰、膽識過人的領袖帶領下，發動一連串的軍事行動掠奪土地，透過南征北討進行領土擴張。這大大刺激經濟和商業發展，國家從此進入「富裕期」(The Age of Affluence)。古代的帝國越強盛，越易跌落酒池肉林、窮奢極侈的陷阱。在這個「衰落期」(The Age of Decline)，帝國的管治層爭權奪利，互相傾軋，再無建功立業的雄心壯志，慢慢走上衰敗之路。

大文豪蘇軾的《前赤壁賦》從曹孟德的文采風流說到他的戰績彪炳，然後問「固一世之雄，而今安在哉？」這個答案可能就只有中華文明了。四大文明古國以降，除了中華文明是歷久不衰的綿延下來以外，幾乎其他文明都沒有這個能力。中華歷史雖有朝代興衰，這個也只是像 Julio-Claudian 皇朝滅亡而已，羅馬帝國還是繼續下去的。為何中華文明能夠不斷的自我更新？這個問題非常複雜，筆者也在探索。但是，每次想到這個題目時，莊子的一句話就不停地浮現在腦海裏面：「水之積也不厚，則其負大舟也無力。」中華文明的底蘊必然是深厚才能如此長壽的。

扎克伯格、馬斯克與康茂德

兩個富可敵國的科技巨頭在羅馬競技場上拳來腳往，是電影情節，還是比虛構更離奇的現實？2023 年，當時 39 歲的扎克伯格（Mark Zuckerberg）向 52 歲的馬斯克（Elon Musk）發起的「鐵籠格鬥」挑戰看來會無疾而終，但它對美國社會精英和男性的折射很有趣，也令人想到二千年前的古羅馬帝國。

男人大打出手本是平常事，有時是為了生存，有時是為了逞強，有時是為了貪玩。社會對此通常理解、體諒甚至縱容，就如英語系社會的一句流行語：「男人終歸是男人」（Boys will be boys）。人類學發現，不單是男人，只要是哺乳動物，包括猿猴貓狗，只要是雄性，都喜歡當相搏是娛樂消遣，從中得到樂趣；而這在西方社會，尤以美國為甚，所謂男性特質的主要構成元素，是強壯、孔武有力和好勇鬥狠，一如所謂女性特質的主要構成元素是美貌和性吸引力。所不同者，女人的美麗性感容易辨認和識別，但男人卻要不斷證明他們的「硬度」。在美國，做男人難，做名成利就、萬人仰望的男人更難，因為你要在世人面前不斷證明自己的男性特質。以挑戰者扎克伯格為例，20 歲就創立今日資產淨值過千億美元的臉書（現已改名為 Meta），還要向世人證明甚麼？但他早年常被媒體（例如荷里活以其事跡為題的電影《社交網絡》）描繪成書獃子和被排擠的社會邊緣人。他近年醉心綜合格鬥，也許是要扭轉這個公眾觀感。無獨有偶，一度是全球首富的亞馬遜創辦人貝索斯（Jeff Bezos）近年愛上健身。從照片所見，他練成渾身肌肉，單看體態身型比他的實際年齡 59 歲年輕許多。

場地提議在羅馬競技場也令人浮想聯翩。羅馬競技場是古羅馬最大的圓形角鬥場，是中古世界七大奇跡之一，今日位於意大利羅馬市中心是其僅存的遺跡。據估計，場地可容納五萬至八萬觀眾，曾用作進行角鬥士比賽、處決和重要戰役的歷史重演。由於這些歷史，羅馬競技場不但是遊客到訪意大利必去的景點，更是男子氣概的檢驗場。李小龍最經典的動作場面，就是在《猛龍過江》中於羅馬競技場與世界空手道冠軍羅禮士單打獨鬥。無巧不成書，距今二千多年的古羅馬，也有一個權傾天下、萬人仰望的男兒內心有一團火，要在競技場上證明甚至找到自己。此人名叫康茂德（Commodus），是公元 2 世紀末的羅馬帝國皇帝。如果這個名字對你不陌生，大概是因為看過奧斯卡金像獎最佳影片《角鬥士》（Gladiator，港譯《帝國驕雄》）。影片弒父篡位的大反派就是康茂德。

康茂德的父親是大名鼎鼎的斯多葛主義（Stoicism）

大師、有「哲帝」之稱的馬爾庫斯・奧列里烏斯（Marcus Aurelius）。康茂德有否弒父歷史沒有定論，但他繼位後羅馬帝國由盛轉衰卻是不爭的事實。在避開了姐姐露西拉（Lucilla）策劃的暗殺後，康茂德變得益發多疑和暴戾，動輒以兇殘手段排除異己。後來他甚至不理國事，全身投入他喜愛的「運動」——角鬥。歷史文獻記載，他不僅以國王身份監督角鬥士的招募、訓練和比賽，並且經常赤膊上陣，手持短劍、盾牌或其他武器，與參賽者角鬥，博取觀眾喝采。據說他曾參與角鬥達三百次之多，當然他貴為皇帝，對手豈敢動他分毫？結果，他總是戰無不勝。他殺得性起，對手除了角鬥士之外，還有野獸。據說他曾經在競技場內單人匹馬手刃三頭大象，令在的場觀眾看得目定口呆。

康茂德的行為看似怪誕，但從心理學的角度而言並非難以理解。康茂德 16 歲就與父王共治羅馬帝國，是個有嚴重人格障礙的自大狂。在被自己的親人出賣和幾乎被刺殺後，他的自我懷疑與不安全感與日俱增。他要說服自己，也要向人民證明，他像神一般無所不能和無堅不摧。他更自稱為希臘神話中半神英雄海格力斯（Heracles）的兒子。在一個沒有大眾傳媒和社交媒體的年代，可以容納幾萬觀眾的競技場，提供一個製造奇觀和自我宣傳的絕佳平台。在他的子民親眼見證下，康茂德一次又一次展現他的無敵。這當然是自欺欺人，也是愚民政策。康茂德本已不得人心，受擁護的程度遠遠不及「五賢君」之一的父王。他沉迷角鬥，拒絕在戰場上與真正的敵人交鋒，令元老院與近衛軍領袖對他動殺機。終於有一天，康茂德從競技場回宮洗澡，被埋伏的角鬥士勒死在浴場。愈是有權有勢的男人，愈要證明他們的男性特質，似乎是千年不變的事情。

美國的角鬥士

美國人的體育文化，對世界各地很多其他民族的人來說，都是十分費解的。首先，就參與體育的方式而言，對比在運動場上揮灑汗水，美國人更享受充當觀眾。對很多美國人來說，參與體育活動就是頂着大肚腩，一手拿着膠杯盛載的啤酒，一手拿着熱狗，在觀眾台上為愛隊吶喊助威；又或是一家大小坐在軟綿綿的大沙發上，各拿一包特大家庭裝薯片，面前茶几放着 1.5 公升大可樂，然後對着 69 吋 LED 電視觀看直播。第二，美國人偏愛暴力的運動項目，追求高強度對抗性的運動所帶來的感官刺激，這包括冰上曲棍球、美式足球、綜合格鬥等等。因此，有論者認為，當今美國的體育文化與二千年前的古羅馬的體育文化非常相似。

說到羅馬的體育活動，相信讀者必然聯想起電影《角鬥士》中在羅馬鬥獸場內殊死相搏的角鬥士。雖然，歷史學家現在普遍認為角鬥比賽的死亡率只有約三成或以下，但他們的研究同時也表明，角鬥士受傷的比率非常之高。而同樣地，美式足球也是以暴力和高傷亡率聞名。暴力的美式足球創始於 19 世紀哈佛大學一個名為「血腥星期一」的暴力活動。這個比賽很簡單，一年級的學生站在一端，二年級的學生站在另一端，他們之間放一個球。當比賽開始，雙方即衝向對方，務求將球踢到對方的一側或達陣區。通常，比賽在開始後不久就會演變成一場暴力毆鬥。這比賽的目的絕不是為了競技，而是為了給毫無戒心的新生來一場猛烈的歡迎。這暴力的活動終於在 1860 年被禁止；但不久之後，一個有較正式規則的美式足球開始出現，大學也建立起有組織的聯賽。然而，這些規則止不住美式足球的暴戾。在 1905 年的賽季，共有 19 人「戰死」，另有 137 人「不正常」受傷。這迫使哥倫比亞大學於同年年底禁止這項運動，因為它的暴力「對人類生命構成危險」，並影響球員學習。超過一個世紀後的今天，隨着相應規則的改良以及運動科技發展，美式足球的傷亡率已大大減低。但它依然對球員構成很大危險；例如，腦震盪和累積性外傷等在球員間仍然非常常見。

但除了它們的「暴力性質」以外，古羅馬的角鬥比賽和現代美式足球還有一點非常相似，那就是它們都是一盤建基於壓榨弱勢社羣的大生意。大多數真正受過戰鬥訓練的羅馬角鬥士都是奴隸；所以儘管他們會因勝利而獲得獎金和禮物，但絕大部分利潤都歸到其主人所有。同樣地，大部分大學美式足球員都是不能受薪的，因為他們只是代表其大學出賽。但是，比賽的主辦單位國家大學體育協會（NCAA）卻透過天價電視轉播費賺取高額利潤。根據 NCAA 與美國哥倫比亞廣播公司（CBS Sports）和特納廣播公司（Turner

Broadcasting System）簽訂的數億美元的媒體版權協議推算，NCAA 在 2021 年的版權收入達到 9.16 億美元。除此以外，大學運動比賽還帶動廣告、紀念商品、飲食等大量周邊經濟活動。換句話說，一大羣商家都透過這些學生運動員的無償付出賺取高額利潤。

誠然，各家大學均為學生球員開出鉅額獎學金和醫療保險，而且這些學生大都成為校園內的風頭躉，也可算是名利雙收。但諷刺的是，這些獎學金是與這些體育服務掛鈎。如果學生運動員嚴重受傷以致職業生涯終結或表現未達預期，大學可以取消學生運動員的獎學金。另一方面，這些大學球隊都多以黑人為主，帶有很強種族歧視色彩。根據 76 所有參與比賽的大學數據顯示，在 2007 年至 2010 年間，黑人男性佔美式足球隊 57.1%，佔籃球隊 64.3%，但僅佔所有本科生的 2.8%。在俄亥俄州立大學，黑人男性佔本科生總數的 2.7%，但在美式足球隊和籃球隊中卻佔 52.9%，而這些黑人男運動員的畢業率為 38%。因此，不少人都視之為現代的黑奴制度：富有大學以大額獎學金「買下」黑人進行暴力的體育比賽娛樂大眾，並從中獲取暴利。這些黑人窮孩子們往往在校園時代是得不到正常教育。他們離開校園以後有種種原因讓他們不會成為職業運動員，而因為沒有得到基本的教育，他們的工作機會也因此受到大大的限制。

儘管上述的情況已被提出多年，問題卻從未得到講求政治正確的美國社會正視；而重視「多元」的美國大學也未見採取任何行動保障其學生運動員的權益，或嘗試停止當中的種族歧視。這大概是因為那些既得利益者同時正是操控着媒體和輿論的人；對他們來說，社會正義和政治正確只是謀取商業和政治利益的手段；又何必為了這些高尚情操而宰掉這一隻用別人孩子的健康與前途換來的金鵝呢？

美式民主的政綱捆綁

在結束一連 12 天的東南亞巡訪後，時任教宗方濟各在 2024 年 9 月 14 日被問及對將要來臨的美國大選的看法。教宗沒有正面回應支持賀錦麗或是特朗普，卻呼籲教徒依良知選擇「較小的惡」(lesser evil)。教宗稱：「你們必須選擇較小的惡。誰是較小的惡？是那位女士，還是那位先生？我不知道。每個人都應該依照良心思考並這樣做。」他解釋稱，賀錦麗和特朗普所提倡的正綱中都包含了「反生命」(against life) 的惡，前者支持墮胎，後者則反驅逐移民。教宗的言論，點出了很多美國選民面對的兩難局面：在兩黨制 (Two-party System) 之下，所有政綱都是捆綁式一籃子的，在票投一方時，選民往往同時需要支持與自己理念相阻的政策。

美國今天的兩黨制可上溯至美國內戰時期。在 1860 年的總統選舉中，共和黨候選人林肯當選，導致南方奴隸制州份脱離聯邦，引發了美國內戰。內戰結束後，共和黨在重建時期 (1865 年—1877 年) 主導聯邦政府，推動了廢除奴隸制和保障非洲裔美國人權利的立法。19 世紀後期，共和黨和民主黨在經濟政策、關稅和貨幣體系等問題上展開激烈競爭；共和黨通常代表北方的工商業利益，民主黨則代表南方的農業利益。這種競爭一直持續到 20 世紀初。進入 20 世紀，進步主義運動興起，兩黨內部都出現了致力於社會改革的進步派。然而，1929 年的經濟大蕭條導致政治版圖再次轉變。1932 年，民主黨的富蘭克林・D・羅斯福（Franklin Delano Roosevelt）當選總統，推行「新政」，以應對經濟危機，這使民主黨成為主要的執政黨。

第二次世界大戰後，兩黨在外交政策、經濟發展和社會議題上逐漸分化。民主黨傾向於支持政府在社會福利、民權和經濟調控方面的積極角色；共和黨則強調自由市場、反共主義和傳統價值觀。1960 年代的民權運動和越南戰爭進一步加深了兩黨的分歧。民主黨支持民權立法和社會改革，而共和黨逐漸吸引了對這些變化感到不安的南方保守派選民。自此以來，兩黨在種族平等、外交政策、經濟策略和社會議題上持續對立。1980 年代，列根政權標誌着保守主義的興起，加強了共和黨的影響力。21 世紀以來，兩黨在醫療保健、移民政策、氣候變化和經濟不平等等問題上分歧加劇，政治兩極化日益明顯。儘管第三黨偶爾在選舉中產生影響，例如 1992 年代表美國改革黨（Reform Party of the United States of America）的羅斯・佩羅（Henry Ross Perot）便曾獲得差不多兩成選票，但美國的政治體系仍然以民主黨和共和黨為核心。

學者多認為，兩黨制的優點在於它能促進政府的穩定性。在兩黨制下，一個政黨有可能在國會中獲得多數席位，從而有效地執政並推行政策。而多黨制國家很多時需要多個政黨組成聯合政府，聯盟內部往往各懷異心，政策較難落實。其次，有學者認為兩黨制能緩和政治鬥爭的敵意。為了爭取大多數選民的支持，政黨必須制定符合大多數人利益的政策綱領、調和不同羣體的利益衝突，避免過度迎合極端派別的要求。這使得政黨更具包容性，能夠代表更廣泛的民意。

然而，美國現今兩黨制其中一個最大的問題，便是上文提及的「政綱捆綁」現象。在兩黨制下，兩大政黨各自制定一套完整的政策主張，選民只能在這兩套「全盤套餐」中選擇其一。這導致選民無法根據個人價值觀對單一議題進行獨立抉擇，而是被迫接受一個包含多項政策的「捆綁式」政綱。例如，一名反對墮胎的選民可能同時反對死刑，但在兩黨的政綱中，他必須在支持反墮胎的共和黨和反對死刑的民主黨之間做出選擇，無法同時滿足兩個訴求。這種「政綱捆綁」使得選民難以找到完全契合自身立場的候選人，只能在「兩害相權取其輕」的情況下投票。選民被迫接受某些自己反對的政策，僅僅因為他們更認同該黨的其他主張。這不僅限制了政治選擇的多元性，也削弱了民主的意義。結果，正如教宗所指出的兩難困境，選民往往只能在「較小的惡」中被迫做出選擇，無法真正表達個人立場和價值觀。

但更嚴重的問題是，兩黨背後都是由同一個軍、政、商複合體把持。在華盛頓威名遠播的遊説制度下，處於權力和財富金字塔頂端的階層都向自己看好的候選人投入大量政治獻金，以確保其政治影響力得以維持。而由於兩黨立場分明，所以兩黨都會比較有秩序的輪流執政。結果，無論如何，都是由美國最上層的階層掌控着國家的權力與資源。再者，隨着兩黨不斷更替，兩黨背後的利益團體提供亦漸漸凝固。換句話説，美國的普遍選民是受到「政綱捆綁」而被剝奪了真正的選擇權，因為兩黨的候選人都基本代表着同一個龐大的利益集團。美國選民手上的選票，很大程度上只是給予選民一個錯覺——擁有選擇權的錯覺。對於認清真相的美國人而言，他們對政治的無力感可想而知。難怪，美國人之間流傳着一句名言：「如果投票能帶來改變，他們就不會讓我們投票了。」(If voting made any difference they wouldn't let us do it.)

古羅馬帝國「好戰」的啟示

羅馬帝國是歷史上最悠久的帝國之一。起源於公元前753年，羅馬帝國於公元前27年至公元180年達到高峯，史稱羅馬治世（Pax Romana），在這期間，羅馬帝國在經濟和科技上均取得顯著進步。然而，羅馬帝國很快面對一個幾世紀都難以解決的問題——通貨膨脹。最終這個問題直接導致西羅馬帝國滅亡。

自公元前211年開始，羅馬使用銀質的第納里烏斯（Denarius）作為主要貨幣。第納里烏斯的價值本來與其所含純銀的價值相關聯，初期純度高達100%。然而，由於貴重金屬供應有限，導致第納里烏斯流通量不足，限制了經濟活動。隨着羅馬帝國對資金的需求增加，為了增加貨幣供應，羅馬官員開始降低第納里烏斯的純銀含量。從馬爾庫斯・奧列里烏斯（Marcus Aurelius）時代的75%純度到加里恩努斯（Gallienus）時期的5%，甚至到265年時，第納里烏斯的純銀含量僅為0.5%。此舉直接導致第納里烏斯價值的長期下降，繼而引發通貨膨脹。由於貨幣持續貶值，羅馬帝國的經濟開始出現嚴重的不穩定性，人民開始以物易物，減少對中央集權的貨幣依賴。

隨着第納里烏斯的持續貶值，帝國財政陷入困境，戴克里先（Diocletian）在公元 284 年上台後試圖通過引入新貨幣——阿根提烏斯（Argenteus）和控制價格來穩定經濟。然而，這些措施未能根本扭轉通貨膨脹的趨勢。羅馬帝國的高通貨膨脹率在公元 200 年至 300 年間達到了驚人的 15000%。由於貨幣大幅度貶值，帝國內的經濟活動受到嚴重幹擾。在公元 301 年，戴克里先推行價格控制政策，設立最高價格限制以阻止物價飛漲，但這政策不僅未能有效控制通脹，反而引發了更多的經濟混亂和黑市交易。

實物交換成為常態，亦直接影響羅馬帝國的稅收系統。政府收入下降迫使當局增加稅收，加重普通民眾的經濟負擔，進一步削弱了對中央政府的支持與信任。這種經濟壓力加劇了社會不滿，並促使更多羅馬公民尋求地方勢力的庇護，加速了帝國的分裂。通貨膨脹還影響了羅馬帝國的軍事實力。由於帝國財政困難，軍事開支被迫削減，這直接影響了羅馬軍隊的質量和戰鬥力。軍事能力下降使得帝國更難以防禦外來的入侵和內部的叛亂，最終導致帝國防線的崩潰。

羅馬通貨膨脹的影響遠達帝國的每一個角落，從城市到農村，從皇室到平民。經濟不穩引發了廣泛的社會不安和政治動盪。隨着貨幣價值的持續下跌，人們失去儲蓄的動力，進一步削弱這投資和經濟成長。此外，貨幣急劇貶值，令基本生活用品價格飛漲，增加了普通羅馬公民的生活成本。文化和社會結構也因通貨膨脹而遭受破壞。傳統的價值觀和社會秩序受到挑戰，隨着經濟困難的加劇，許多羅馬市民轉而尋求宗教和地方領袖的慰藉，進一步削弱了對中央政府的忠誠。結果，在蠻族屢次入侵之下，西羅馬帝國終於步入滅亡。

不少學者和評論家都認為，現在美國的情況和當年的羅馬帝國在多方面都驚人地相似。千多年前，為了資助無休止的海外戰爭和國內的奢華支出，羅馬透過貶值其貨幣來對人民實行隱性稅收；而這同樣是美國多年來一直在做的事。當年高額稅收驅使商業活動離開羅馬帝國，或以零散的形式轉入地下，而失業的勞動者則轉向領取救濟糧食。同樣，高稅率和生產成本將美國工廠推向海外，而失業者則依賴微薄的救濟金生活。羅馬未能在扼殺自身經濟的同時削減開支，最終使帝國的財政變成國家級的龐氏騙局，債務以不可持續且急速的速度成長。如今，美國的聯邦債務超過 33 萬億美元，大約每個家庭負擔約 25 萬美元。

為了分散人民對國內問題的注意力，羅馬帝國利用對外戰爭將他們的不滿轉向外，並將失業的男性輸出到外國。自二戰以後，美國介入全球多場戰爭和武裝衝突，2024 財政年度美國的軍費預算達到 8420 億美元，遠超世界任何國家。千多年前，羅馬帝國高企的軍費開支，使它不夠資源應付真正的國家安全威脅，結果帝國脆弱的邊疆更易受蠻族入侵。而今天的美國人也每對着海內外的威脅，不見得活得安穩。最後，隨着經濟情況日趨嚴峻，羅馬人民漸漸失去向心力，部落及部落主義開始抬頭。自上世紀末以來，隨着身份認同政治（Identity Politics）抬頭，美國社會分化日益嚴峻，左翼自由派和右翼保守派越趨極端，以至再沒有中間路線的總統候選人，人民也不再團結。

在《羅馬帝國衰亡史》（*The History of the Decline and Fall of the Roman Empire*）中，愛德華・吉本（Edward Gibbon）寫道：「人類中最無價值的人並不害怕譴責別人，因為他們允許自己犯下同樣的錯誤。」（The most worthless of mankind are not afraid to condemn in others the same disorders which they allow in themselves.）幾個世紀以來，西方學者對羅馬帝國的衰亡進行了大量研究和批判，然而這些知識可以將美國從通貨膨脹這個古今難題拯救出來嗎？就讓我們拭目以待。

第二章

自由之名

章前導言 ★★★★★★★★★★★★★★

美國人總愛宣稱自己生活在「自由之地」(Land of the Free)，但自由到底是甚麼？這個詞彙被掛在嘴邊，卻很少有人能清楚定義。在美國的敍事中，自由意味着選擇的權利，意味着個人可以依靠努力決定自己的命運，意味着政府不應干涉市場與個人生活。但當自由與資本主義緊密結合，變成一種意識形態，它仍然是自由嗎？當企業透過市場壟斷與資訊操控，使人們的選擇變得高度受限，那麼這樣的自由是否只是一場精心設計的幻象？

美國的食品與健康問題便是這種「自由」的最佳例證。美國是全球肥胖率最高的國家之一，這是否意味着美國人擁有無可匹敵的飲食自由？實際上，低收入族羣往往只能負擔廉價的加工食品，這些食品熱量極高，但缺乏營養，導致健康狀況每況愈下。然而，當政府試圖介入，例如對垃圾食品徵稅或強制標示熱量資訊時，便會有人以「自由市場」的名義反對，聲稱政府不應干預個人選擇。但如果這種選擇是由食品工業的價格操控、廣告轟炸與營養資訊的刻意誤導所形塑的，那麼這還能稱為真正的自由嗎？

這種「自由」的矛盾，在美國醫療體系中更加明顯。美國的醫療市場化程度極高，理論上每個人都能自由選擇醫療方案，然而，當低收入者無法負擔高昂的醫療費用時，他們是否真的擁有選擇權？保險公司與製藥企業利用市場壟斷與價格操控，將醫療服務變成一種特權，而非基本人權。窮人被迫在昂貴的醫療與無醫可醫之間做出選擇，這樣的自由，實際上只是另一種形式的控制——一種以市場規則為名，讓資本決定生存權的遊戲。

更進一步，這種「自由的幻象」不僅限於美國國內，也被輸出至全球，成為西方控制世界經濟與政治的工具。當西方國家鼓吹市場自由化時，往往要求發展中國家開放市場、削減補貼，允許外資企業進入。然而，當這些國家真正這麼做時，它們往往發現自己陷入了更深的依賴——西方跨國企業憑藉資本與技術優勢迅速佔領市場，摧毀當地產業，致其經濟結構更加脆弱。自由貿易的名義下，是一場資本實力不對等的戰爭，而「自由市場」則成為西方主導全球經濟秩序的話語工具。

最終，真正的問題是：自由到底是誰的自由？美國所宣稱的自由，是否只是一種特權——讓資本可以無限擴張，讓企業能夠無限制影響消費者選擇，讓政府能夠在國內與國際事務中維護自身利益？當個人所謂的自由僅僅是從一組被設計好的選項中做出決定，這是否還能算是自由？或者，這只是一場讓人們以為自己擁有選擇權，卻實際上無法掌控自身命運的騙局？如果自由只是另一種形式的控制，那麼本質上，它與奴役又有何區別？

弱勢羣眾自身選擇的遐想

美國一直以來便常以「自由之地」自誇；但同時，它亦是世界上其中一個肥胖問題最嚴重的國家。這不禁令醫學界的學者反思自由與肥胖的關係。究竟美國人是因為自由所以肥胖，還是他們根本沒有自由選擇不肥胖呢？

2004 年，時任美國總統喬治布殊在其預算中撥款 1.25 億美元，用於鼓勵健康生活方式。同時，各州立法機構和學校董事會開始禁止在校園和自動售貨機售賣零食和汽水，甚至有政界人士提倡對高熱量食品徵收「肥胖稅」。國會也考慮對食品的營養標籤進行立法，迫使連鎖餐廳列出每項食品的脂肪、鈉和卡路里含量。然而，這些公共健康政策受到了部分人士非議。同年六月，一名記者在《時代》雜誌（*Times*）一篇專題上撰文，指出這些食品控制政策只會加劇美國的肥胖問題。他認為，飲食是個人選擇，美國政府無權干預。同時，肥胖是私人問題而非公共問題，它所帶來的成本和問題應由肥胖的人自行承擔。他聲稱，當每個人為自己的飲食和生活方式負全責時人們會做出更好的決策。這個「個人責任論」，一直以來都是美國食品企業最愛的論調，因為這可以撇清它們與美國肥胖問題的關係。

不過，心理學家及公共衞生學者卻持反面意見。在同一篇專題報道上，他們反駁，肥胖問題並非單純個人責任。首先，肥胖的流行率逐年增加；但並不見得人們越來越不負責任。其次，就生物學而言，人類天生就喜歡高糖、高脂肪和高熱量的食物，因為這是人類千百萬年來累積下來的生存策略。第三，一直以來都有全國性的推廣活動，呼籲人們健康飲食，而其失敗是顯而易見的。

二十年後回顧這場辯論，後者顯然是對的。在自由之下，美國人的肥胖問題只是越趨嚴重。然而，公共健康學者又發現，肥胖在美國同時是一個不平等問題。首先，家庭教育水平和收入水平較低的家庭的孩童和青少年更易受肥胖問題困擾。一項 2011 年的研究發現，在 9720 名生活在貧困中的兒童及青少年中，4671 名屬於肥胖；數字遠超來自高收入家庭的小孩。研究人員推測，這可能是因為這些孩童缺乏健康飲食、較少參與體力活動，並花更多時間在熒幕上。其次，來自少數族裔家庭的兒童亦更受肥胖問題困擾。有研究甚至發現，非裔美國兒童嬰兒期體重增長比白人兒童更大，預示着這羣兒童未來將可能面對更多健康問題。

學者稱這種肥胖不平等為「貧困——肥胖悖論」(Obesity Paradox in Poverty)。被稱為悖論，是因為正常推論下，貧困理應導致食物攝取量下降，因此不應出現體重增加的問題。研究人員為此提出了幾個理論解釋：其一，貧窮家庭通常更依賴價格較低且更易獲得的加工食品，而這些食品大都熱量高但營養價值低。其次，貧窮家庭往往缺乏時間、知識和資源來調整健康飲食和運動。最後，體重增加可能是人類感知到食物不足時的生存策略（Survival Strategy）反應。動物研究顯示，食物供應的不穩定會影響體重和脂肪儲存，而這種效應在社會地位較低的動物中更為明顯。由此可見，低收入族羣也許有飽腹的自由，卻沒有脱離肥胖的自由。

現時，學界基本上已有共識，指出肥胖與多項長期疾病均有關係。但同時，美國的低收入階層卻因為無法負擔昂貴的醫療保險，往往未能獲得適當的藥物和治療。而由於欠缺公共交通基礎設施，很多低收入家庭甚至連就診也有困難。結果，生活在貧窮中的人往往面對更嚴重的健康問題。2019年一個美國全國健康訪問調查發現，由於貧困，有8.5%的受訪者延遲或未能接受醫療護理、14.7%的受訪者未有適當的牙科護理，5.6%受訪者未獲適當的處方藥物。數據也顯示，美國貧窮縣市的人口的心臟病、肝病和腎病的死亡率較高收入縣市為高。其他研究顯示，低收入與所有年齡段的牙齒問題之間亦存在關聯。換句話説，美國的資本主義制度正在剝削窮人的生存權利和健康。

但更可惡，也更可悲的是，由於垃圾食物價格較便宜，其背後的企業往往都視低收入羣體和有色人種為目標客羣。

一項研究發現，黑人青年和成年人觀看食品和飲料廣告的次數比白人同齡人多出 21%；而且食品公司在西班牙語電視台的廣告支出佔其預算的比例亦有所增加。另一項研究更發現，黑人兒童接觸到麥當勞等快餐廣告比白人同齡兒童多 50%。這種針對性宣傳顯然令肥胖不平等問題更為嚴重。事實上，在 1970 年代後期，美國聯邦貿易委員會（FTC）試圖打擊針對兒童的廣告，但最終以失敗告終。當時草擬的禁令嘗試規管針對兒童的垃圾食品電視廣告，但不僅迎來食品行業的強烈反對，也激起了政界的強烈反應。隨後，由於國會不再撥款，委員會更一度被迫關閉。自那以後，食品行業遊說團體一直努力阻止聯邦貿易委員會制定相關指導引。説到底，自由是相對的：是低教育貧窮的少數族裔的選擇空間大呢？還是可以自由地用任何的手段來擴張自己市場的食物大財團的選擇空間大呢？螳臂是當不了車的。

甜如蜜糖傷如蜂針的醫學研究

美國人對甜食的癡迷程度可謂惡名昭彰，有部分美國人甚至視甜食為美國飲食文化的一部分。然而，鮮少有美國人思考，何以美國的飲食有如此多糖？難道美國的一眾立國元勛也是一羣喜愛甜食的男人？一份發表於雜誌 *JAMA Internal Medicine* 的研究指出，這可能是美國糖業精心策劃的結果。研究者引用一系列內部文件，指出糖業在 1960 年代資助了哈佛大學一項研究，強調了脂肪的健康風險，同時淡化糖的危害性。

這一切都源於一個名叫「糖研究基金會」（Sugar Research Foundation, SRF）的行業團體。在 1954 年，SRF 的總裁發表了一次演講，他表示：如果美國人將會為了健康而吃低脂飲食，那麼他們需要用另一樣東西替代——糖。到那時候，美國的人均糖消費量可能會增加三分之一。然而事與願違，在 1960 年代，越來越多研究發現糖比其他碳水化合物無益，有幾篇科學文章更提出蔗糖可能與冠心病有關聯。為了保護業界利益，SRF 急切希望「駁斥」相關研究，並轉移公眾視線。故此，SRF 資助一批哈佛科學家，換取他們發表對行業有利的研究發現。他們共為哈佛大學的研究團隊支付了相當於今天 5 萬美元的資金，而其中一位獲資助的哈佛公共健康營養系主任，正是 SRF 董事會的臨時成員。

這批科學家最終完成了一篇文獻綜述論文，並於 1967 年發表在《新英格蘭醫學雜誌》。與研究論文不同，文獻綜述論文綜合及比較現有研究，並指出現時學界共識及方向。因應此類論文的特性，撰文者可以精心挑選有利的論文進行比較，並以研究者不稱職或方法學存在缺陷等理由，駁斥意見不合的研究。例如，有一項研究發現當人們少吃糖、多吃蔬菜時，健康有所改善；哈佛研究人員以「這種飲食變化在現實中不可行」為由駁斥其論點。在一篇研究糖的危害的論文中，研究人員給老鼠提供低脂肪、高糖飲食，哈佛研究人員則以「這與人類飲食習性不符」而否定其結論。在另一篇流行病學研究中，研究人員對比糖消耗與現實世界中的健康和疾病模式，哈佛研究人員以「太多幹擾因素」為由拒絕接納其結果。接下來，哈佛大學的團隊着手強調那些關於脂肪風險的研究。這些研究大都沒有量化結果，研究特徵也不明顯，但哈佛研究人員卻得出結論，聲稱去除脂肪「毫無疑問」是預防冠心病的最佳飲食方式。

現時沒有證據表明 SRF 直接修改了這篇由哈佛大學研究團隊發表的論文。但大量間接證據表明，糖業遊說團體不斷影響該綜述的結論。例如 SRF 副總裁兼研究主管 John Hickson 在一封寫給哈佛大學研究團隊的信中表明，他們希望將焦點放在評估針對「蔗糖形式的碳水化合物」的研究；而其中一位科學家則回覆道：「我們明白，並將儘可能涵蓋這些研究。」當文章發表後，Hickson 顯然對結果非常滿意，在另一封信中，他清楚表明：「我向您們保證，這正是我們所期望的，我們期待它的出版。」而儘管 SRF 不單資助此研究，亦與哈佛大學研究團隊有利益衝突，該文章並沒有披露糖業的資金支持。

對於這份近期研究的指控，與「糖研究基金會」有關的「糖業協會」(Sugar Association) 只是在一份聲明中表示，很難對如此久遠的事情發表評論，特別是當時學術透明度標準並不普及。聲明續稱：「將行業資助的研究標籤為受污染的研究可能帶來負面影響。人們往往忽視的是，行業資助的研究在解決重要問題上是具有啟發性的。」儘管這些事件距今已有六十年歷史，但誠如 *JAMA Internal Medicine* 另一篇評論指出，行業影響學術誠信的問題從來沒有停止。例如，從《紐約時報》在 2015 年獲得的電子郵件顯示，可口可樂與受資助研究人員之間的密切關係，而這些研究旨在淡化含糖飲料對肥胖的影響。而更近期美聯社獲得的電子郵件顯示，一家糖果行業協會資助並影響了一項研究，而該項研究得出的結論竟然是吃糖果的孩子比不吃糖果的孩子體重更為健康！

而糖業對學術研究的影響，只是整個問題的冰山一角。

自 1990 年代中期以來，已有數百篇研究調查證實，美國的藥廠長期以來都在干預醫學藥物研究。為了維持學術界的誠信和公信力，並抗衡藥廠的干預，現時任何受藥廠資助的研究在發表時都必須註明其資金來源。然而，近期的研究發現，美國藥廠對醫學藥物界的干預和影響仍然非常嚴重。這是因為藥廠已滲透到學界研究的每一個範疇，從研究人員到研究對象，都與藥廠轄下的機構有千絲萬縷的關係。結果，藥廠便能夠神不知鬼不覺地「隱形管理」各項研究結果。美國經常自稱為自由之地；那何謂自由呢？就是個人有選擇的自由的同時，財雄勢大的企業也有用金錢鋪天蓋地影響你的自由選擇的自由。在資本社會裏，自由是用資本堆砌出來的，又有誰能抵禦大財團千軍萬馬對其自由的攻擊呢？

不瘦降經濟

美國人是一個非常實際的民族，喜歡為各種問題尋找解決方法。但同時，他們也非常擅長將問題與個人責任分離。例如，2017 年，一名 69 歲的美籍華裔越南人杜成德（David Dao）在拒絕將座位讓給臨時登機的聯合航空員工後，遭航警暴力拖離飛機並受傷。事件發生後，聯合航空在一份聲明中僅表示歉意，並宣佈對公司相關政策進行「徹底審議」，絲毫沒有提及管理層及前線員工的過錯與責任。這正反映出美國人對個人責任的看法：問題歸問題，與個人無關。同樣，在肥胖問題上，美國人稱之為「肥胖流行病」（Obesity Epidemic）；透過將肥胖定性為疾病，將問題與肥胖的個體分割。而美國人對「個人責任」的獨有看法，很可能是導致肥胖問題的元兇之一。

談到肥胖的個人責任，必須首先討論肥胖標籤和污名化的問題。肥胖污名化是基於體重的刻板印象，認為超重和肥胖的人懶惰、缺乏意志力、不成功、不聰明、缺乏自律、意志薄弱，並且不遵從減肥治療建議。這種刻板印象常常忽視了肥胖背後的複雜原因，包括社會、經濟和文化等多方面的因素。有學者認為，將肥胖問題單純歸咎於個人，不僅無法真正解決問題，反而會對肥胖者的心理和身體健康造成進一步損害。只有當個人擁有充足的環境資源時，他們才能真正對自己的健康負責。

為了有效打擊肥胖污名化，學者們提倡「體重包容性」的理念，鼓勵人們以更多樣化的方式來看待不同的身體形態，同時呼籲政府立法禁止基於體重的歧視行為。這一倡議與美國左翼政治運動密切相關，特別是在社會正義議題上，反對肥胖污名化與爭取少數羣體權益的運動交織在一起。近年來，「身體自愛」(Body Positivity) 運動在美國興起，這一運動強調人們應接受自己所有的身體特徵，包括身高、體型、膚色、性別和體能，而非僅僅追求生理外觀的完美。這種運動試圖挑戰當代主流審美標準，特別是對纖瘦身材的過度崇拜，並力圖打倒「身體羞辱」，即針對個人體態特徵的羞辱和批評。隨着「身體自愛」理念普及，社會逐漸出現了一種推崇「肥胖美」的風氣，這不僅在文化上帶來了變革，還影響了時尚產業。許多時裝品牌開始使用「大碼模特兒」(Plus-size Model) 來展示更多樣化的身體形象，強調每個身體都應該被尊重和欣賞。

反對肥胖污名化與歧視、推動社會包容性固然值得支持；然而美好的理論在實行上，卻是往往不如意。首先，指出肥胖問題和肥胖污名化的分野有時非常模糊，這不免令醫療人員有所掣肘，以免誤墮歧視法網。其次，將肥胖與美麗拉上關係，亦可能令很多人誤判自己的體重狀況，並忽視背後的健康風險。有學者發現，在 1997 年至 2015 年間，英國越來越多人低估自己的超重和肥胖狀況，而近年興起的「肥胖美」的風氣很可能是背後元兇之人。研究人員進一步警告，這種誤判很可能加劇英國的肥胖問題，因為與那些準確識別自身體重狀況的人相比，低估自己超重或肥胖狀況的人減肥的可能性降低了 85%。有學者甚至直接提出，「胖即美」或「為胖感到驕傲」這樣的口號應被「胖是不健康且危險的」取代。

然而，這種風氣最大的問題，在於它將肥胖問題中的個人責任從問題中抽離，模糊了個人對於健康的應有關注。一篇刊登於期刊 *Frontiers in Nutrition* 的研究論文指出，健康資訊與「政治正確」的信息常常相互矛盾。在當前政治正確的潮流下，美國社會已不再容許任何人公開討論肥胖問題背後的個人因素，尤其是當討論涉及個人行為選擇或自我管理能力。這導致個人責任被忽視，所有的關注點都轉向了社會、環境或經濟因素。雖然這些因素確實在肥胖問題中扮演着重要角色，但單單將肥胖歸咎於社會結構，忽視個人在飲食和生活方式上的選擇，無法真正解決問題。作者認為，正是由於二十多年來對於個人責任的忽視，美國在應對肥胖問題上一直未能取得顯著進展。要真正解決肥胖問題，必須重新將肥胖定位為一個健康和醫療問題。肥胖應被視作一種慢性疾病，交由醫生、營養師和其他健康專業人士管理和治療。此外，家長也有責任為自己的孩子提供營養均衡的飲食，並確保他們從小養成良好的飲食習慣。

可惜的是，這篇論文看來並沒為美國社會帶來很大改變。歸根結底，一切還是為了創造 GDP。與其苦口婆心的讓人們吃少一點，健康一點，不如告訴他們警告別人肥胖的風險是錯誤的。「肥胖就是好看。」左翼論調給了不懂節制的人一個道德與政治高地來放縱自己的「自由」。畢竟面對着美食，修身很難。吃少了，就等於對食品公司的產品需求降低，這個不是美國夢。美國夢就是放任吃、放任消費、揮霍自由。自由之名換取個人的病態消費，創造 GDP，這就能簡單粗暴的圓了所謂的美國夢。

政治正確的代價

「追求幸福乃不可剝奪之權利」，是《美國獨立宣言》的名句，與「人皆生而平等」齊名。其實美國人追求的不止幸福，還有「政治正確」的價值觀。政治正確（politically correct）一詞，最早出現於 230 年前美國最高法院的司法判決。它說，在祝酒詞中使用「美國」取代「美國人」在政治上不正確（not politically correct）。

在當代美國的話語體系，「政治正確」指在言行和政策層面保護或避免冒犯少數羣體或弱勢社羣，例如同性戀者、黑人和女性等等。實踐起來，對政治正確的追求往往變成對言論自由的限制。具有影響力的政治人物、公眾人物、傳播媒體和教育機構在發表言論和傳播信息時會被要求滿足某些特定條件。政治不正確的言行會被批評，當事人會被抵制甚至放逐。然而盲目追求政治正確的代價絕不止於此，它為社會帶來的外部成本和溢出效應可以大得驚人，美國大學的情況就是例子。

多元化（Diversity）、平等（Equity）和包容（Inclusion），簡稱 DEI，一方面是開明社會應具備的條件和素質，卻常被詬病為替明目張膽的歧視和特殊待遇提供冠冕堂皇的藉口。更意想不到的，是它對教育造成的非預期後果（Unintended

Consequences）。

高等學府的使命是研究和教學，但近年來，由於要做到「多元、平等和包容」的政治正確，它們不惜花巨資聘請大批 DEI 專家進駐校園。根據霍士新聞的調查，美國公立大學的翹楚，例如密西根大學、馬里蘭大學、佛吉尼亞大學、伊利諾伊大學和維吉尼亞理工大學（Virginia Tech）請了大批高薪職員，其工作是確保這些擁有「公立長春藤」美譽的學府，符合政府和社會大眾對其有關 DEI 的要求和期望。所謂高薪，是年薪介乎 32.9 萬美元到 43 萬美元之間。

如此高薪，難怪 DEI 在美國已成熱門的本科生和研究生課程。這些 DEI 職員的工作，對大學和學生有多重要？他們值得拿這樣高的人工嗎？如果你認為大學應該是一個思想交流的平台，讓人毫無顧忌地行使他們的見解和言論自由權（the right to opinion and freedom of expression），那麼 DEI 職員的工作不僅無益，反而產生反效果。

跟迪士尼（Disney）、沃爾瑪（Walmart）和網飛（Netflix）等環球集團大企業一樣，愈來愈多公立大學設立多元長（Chief Diversity Officer，簡稱 CDO）一職管理多元策略。問題是在實際操作的過程中，多元長關心的往往不是校園、課室和演講堂有多百花齊放，而是恰恰相反——甚麼意見和議題不容討論，甚麼講者和嘉賓不可邀請。如何明哲保身，不立危牆之下，做到百分之百政治正確，是多元長的首要任務。這恐怕對大學的學術自由會造成影響。

大量 DEI 專家進駐校園，致使非教學人員職位激增，令大學的支出上升，但支出效率（Spending Efficiency）卻下降。更糟糕的是，大學為應付聘請 DEI 專家的額外開支，不得不加學費，令很多早已捉襟見肘的學生百上加斤。結果，學生的債務像雪球般愈滾愈大。美國的學生債務問題有多嚴重，從以下數字可見。截至 2023 年第一季度，學生貸款債務總額為 1.78 兆美元，由約 4350 萬美國人負擔，平均每月還款額為 337 美元。在美國，學生貸款債務是僅次於抵押貸款的第二大債務類型，可能會嚴重拖累個人財務，特別是對女性和有色人種而言。此外，多達 15% 的學生拖欠學生貸款，這可能會對他們的信用評分產生負面影響。

大學生本應是將來社會的棟樑，如此負債纍纍怎能展翅高飛？對要贏取民意和選票的政客，解決學生債務有迫切性，因為它是年輕選民最在意、政治聲量也最大的「世代問題」之一。這解釋了前總統拜登的「超慷慨」——提議減免高達數千億美元的學生債務。因最高法院阻止未能成事後，他批准為 12.5 萬借貸人額外減免 90 億美元學生債務；又預告將會採取新措施提供學生貸款減免。

政府該不該向無法償還學貸的市民伸出援手？反對者

認為，借錢唸書是個人選擇，動用全民稅金來補貼這些社會菁英有違公平原則。支持者卻強調，學貸豁免是修正美國世代與階級不平等的重要一步。美國政府與教育界在過去十年的連番失誤，不僅使高等教育失去為社會提供大規模向上流動的功能，更令數千萬來自弱勢家庭的學生淪為學生貸款的終身奴隸。

多元化、平等和包容是追求更美好社會的重要價值觀之一。然而，以高薪聘用專人處理相關事宜，成為大學追求這些目標的重要手段。結果是成本轉移至莘莘學子身上，大學教育成為年輕人欠債一生的財務陷阱。這算不算是本末倒置呢？

芭比為特朗普助選？

荷里活電影《芭比》(*Barbie*) 叫好又叫座，體現了美國社會有「勇氣」賦予女性權柄 (Empowering Women) 的「社會進步」，但同時也可被解讀為美國社會進一步分裂的證據。《芭比》的聰明之處在於，它懂得以子之矛攻子之盾，將一款飽受自由主義者與女性主義者批評、使「物化」女性 (objectify) 的玩具，轉化為一部頌揚女權與姊妹情誼的電影。重女必然輕男，電影的宣傳口號是「芭比無所不能，肯特 (芭比的男朋友) 依然故我」(She's everything. He's just Ken)。在女性當家作主的芭比世界，萬事萬物皆完美如天堂；但在現實的父權社會，男人的自私、幼稚、愚蠢與好勇鬥狠，卻令整個人類社會蒙受極大災難。「臭男人」試圖入侵芭比世界，但他們的「有害男性特質」(Toxic Masculinity) 豈能敵得過各式各樣芭比聯合起來的集體智慧？整部電影貫穿着對男性的冷嘲熱諷。用美國人的話來說，男人就是成事不足、敗事有餘的「Losers」。說這部電影「攻擊男性，令其覺得羞恥」(Masculine Shaming)，並非誇張。

從這個角度來看，《芭比》是「覺醒主義」(Wokeism) 的典型產物。「覺醒主義」指的是西方信奉左翼思想價值的人，對於因種族、性別與性取向等歧視所造成的社會不公過度敏感與警覺。覺醒主義體現在日常生活中，便是政治正確性凌駕一切。大企業紛紛成立 DEI 專責部門，而在大學裏，「取消文化」(Cancel Culture) 更是大行其道。

難怪美國右翼媒體與政客對這部電影恨之入骨，紛紛稱之為「女權主義垃圾」。但耐人尋味的是，據我所知，即便有人批評它，卻不會稱其為「女權主義幻想」。原因很簡單：美國雖仍是父權社會，但男女勢力正在以驚人的速度此消彼長。有數據為證——男性雖然仍然控制着眾議院七成的議席，男性的平均工資也比女性多兩成，但全國大學生當中，女性已佔六成，男性則不到四成 (其餘為所謂非二元性別人士)。每年死於過量服藥的人中，男性約佔七成，而死於槍械暴力的人中，男性更超過八成。右派人士與男性觀眾無法把《芭比》當成笑話一笑置之，因為它戳中了他們的敏感之處，甚至刺痛了他們的神經——英文叫「hit them where it hurts」。

《芭比》已成為文化現象，值得深究的並非它能為擁有其知識產權的跨國玩具公司美泰 (Mattel) 賺多少錢，而是它所帶來的政治後果。2024 年的美國總統大選，各方政治勢力都在無所不用其極地煽動選民。在這樣的情勢下，《芭比》毫無節制的覺醒主義，正好讓共和黨「武器化」(Weaponize)，使本來已經如驚弓之鳥、因「MeToo」運動、政治正確與「取消文化」而焦頭爛額的男性選民，更加投向他們的陣營。結果，原先不被看好的特朗普果真乘勢而起，再度入主白宮。

美國保守派對「男子氣概」的議題情有獨鍾，這與他們的宗教背景有關。美國加爾文大學（Calvin University）歷史與性別研究系副教授克莉絲汀・柯比絲・杜梅茲（Kristin Kobes Du Mez）在其著作《耶穌與約翰・韋恩：白人福音派如何敗壞信仰並撕裂國家》（*Jesus and John Wayne: How White Evangelicals Corrupted a Faith and Fractured a Nation*）中指出，福音派信徒擁護「好戰的男性氣質」（Militant Masculinity），崇尚父權制，並贊成在國內外以鐵腕手段展示實力。在 2016 年美國總統選舉中，超過八成的白人福音派信徒將選票投給了特朗普。

無獨有偶，近期另一部熱門電影——在商業與藝術成就上與《芭比》平分秋色、互相輝映的《奧本海默》（*Oppenheimer*），對男性同樣不友善。《奧本海默》所講述的，並非一位偉大科學家的坎坷經歷，而是關於虛榮自大、勾心鬥角的男人，如何將世界推向毀滅的邊緣。《芭比》裏的男人個個窩囊無能，《奧本海默》裏的男人則相當優秀，卻因為性格上的缺陷而做出一個又一個累己累人的錯誤決定。男人越是優秀，對世界造成的威脅就越大。從這個角度看，雖然《芭比》與《奥本海默》的風格南轅北轍，但主題卻一脈相承——皆在暗示社會的「去男性化」(De-musculation)符合人類福祉。難怪網絡上瘋傳的迷因（Meme），將兩部電影的標題結合為「Barbenheimer」。

《芭比》與《奥本海默》在票房、評價與社會話題上風頭無兩，無異於給極右派、大男人主義者與白人福音派信徒一記耳光。「去男性化」正是他們的夢魘，而這兩部電影的大獲成功，彷彿提醒着他們，這場噩夢離成真之日已不遠。近年來，美國社會愈來愈主流的「大取代理論」(Great Replacement Theory) 鼓吹防止移民與其他族裔取代白人，這種白人至上主義背後隱藏的，是許多美國男性的深層恐懼——他們的「統治地位」終有一天將被女性取而代之。如果用逆向思維加上一點陰謀論來審視這部電影與整個「覺醒主義」浪潮，會發現其實這場運動很可能是由極端右翼分子所推動的。試問，有甚麼能比像《芭比》這樣的電影，更能讓那些沒受過多少教育、但手裏卻握有槍支的白人男性投向特朗普呢？所以這部電影，不誇張的說是 2024 年美國大選中，特朗普最有效率的助選機器之一。

迪士尼的愛國藝術

今年是美國的迪士尼公司成立一百週年。迪士尼的主題公園、動畫電影、卡通人物和有關商品風靡全球，無人不識。鮮為人知的，是迪士尼與美國政府，特別是軍旅文化的密切關係。

迪士尼的創辦人華特・迪士尼 1966 年離世，《紐約時報》在訃聞中引述第 34 任總統艾森豪威爾（Dwight Eisenhower），說他是「創造民間傳說的天才。」用今日的話說，迪士尼的天才，在於懂得如何說好美國故事。迪士尼世界，是一個「來自世界的人可以聚首一堂的地方」(a world where people can come together)。2022 年，時任迪士尼首席行政官查佩克（Bob Chepek）說：「走入迪士尼樂園，各式各樣的人自然會把他們的分歧放下。迪士尼帶給他們的神奇、希望、想像和夢幻，變成他們共同的信念」。與其說這是今日美國的寫照，倒不如說今日美國是迪士尼理想世界的哈哈鏡版本。

可是，不要以為迪士尼的世界與現實脱節，它販賣的也不只是「神奇、希望、想像和夢幻」。迪士尼在美國社會的地位無可替代，跟它的愛國主義大有關係。這可從第二次世界大戰說起。大戰爆發初期，即使納粹德軍在歐洲節節勝利，日本的侵略野心圖窮匕現，美國還是處之淡然。直至 1941 年 12 月 7 日日本偷襲珍珠港，美國才不再猶豫決定參戰。但不少美國人仍抱隔岸觀火的心態，心想戰爭與我何干？迪士尼只此一家的愛國主義於是大派用場。

戰爭期間，華特・迪士尼親身上陣，帶領團隊製作一系列動畫短片大談美軍的英勇，以及他們如何在海外戰場上捍衛美國人的價值。這些短片最著名的有新版本的《三隻小豬》（*The Three Little Pigs*）、《果粹邦》（*Nutziland*）、《唐老鴨當兵》（*Donald Duck gets Drafted*）和《老唐特擊隊》（*Commando Duck*）。從這些片名不難想到，迪士尼有意把唐老鴨打造成戰爭英雄。眾所周知，迪士尼最知名的角色是米奇老鼠（Mickey Mouse），也是迪士尼公司的官方吉祥物。然而這隻通常穿着紅色短褲、黃色大鞋和四根手指白色手套的擬人化黑色大耳老鼠，在二戰期間，鋒頭完全被唐老鴨搶走。唐老鴨是隻擬人化的白鴨，他的嘴、腳和蹼都是橙黃色的，身穿水手裝，愛吃胡蘿蔔。唐老鴨比米老鼠優勝之處是他的不完美：他脾氣暴躁、傲慢無禮，沮喪時容易放棄，講話口齒不清。

這些性格缺點令他更人性化。在《老唐特擊隊》中，唐老鴨在戰戰兢兢之中深入敵陣完成任務。如果笨手笨腳的唐老鴨都能履險如夷，那麼每個人都有機會當戰爭英雄。戰爭將唐老鴨最好的一面表現出來，平日渾渾噩噩的老唐搖身一變成為集忠和勇於一身的英雄，也是軍方招募軍人上戰場殺敵的「海報男孩」(Poster Boy）。美國政府對此一直銘感在心。唐老鴨首次登場，是於短片《聰明的小母雞》(*The Wise Little Hen*)，官方生日是 1934 年 6 月 9 日。1984 年，他 50 歲壽辰，正式獲封為美國海軍陸戰隊的榮譽成員。美國軍方公佈，唐老鴨在二戰服役五年，士官等級是中士，任務是班級指揮者，負責監督士兵。

2002 年，唐老鴨和米老鼠一起被列入電視史上 50 位最偉大的卡通人物名單，並在荷里活星光大道上留下手印。他演出的電影之多超越其他迪士尼角色，也是僅次於超級英雄、世上出版最多的漫畫人物。這有點意思，因為沒有唐老鴨這個平凡英雄可能就沒有鐵甲奇俠 (Iron Man)、和美國隊長 (Captain America) 這些超級英雄。華特・迪士尼的天才，是將漫畫的通俗結合愛國主義的崇高。

2009 年，迪士尼以天價 40 億美元收購漫威娛樂 (Marvel Entertainment LLC)。表面上，這是明智的純商業決定——漫威擁有史上最賺錢的電影系列版權。其實，除了錢之外，還可能有承傳的感情因素在內。漫威的超級英雄跟唐老鴨一樣，都是不折不扣、願意為國家赴湯蹈火的愛國主義者。所有漫威的超級英雄電影，只有一個主題，就是美國拯救世界。最典型美國化的鋼鐵俠為拯救地球上一半的人類而慷慨赴義，可以說是把「唐老鴨精神」發揮到極致。跟唐老鴨一樣，鋼鐵俠也是漫畫人物，說他是唐老鴨 21 世紀的繼承者並不為過。

軟實力是哈佛大學教授約瑟・乃伊（Joseph Nye）提出的概念，指在國際關係中，一個國家具有經濟及軍事以外的第三方面實力，主要是文化、價值觀、意識形態及民意方面的影響力。試想，若果沒有迪士尼，美國近百年來的軟實力要打多少折扣？

社交媒體帶出的傲慢與偏見

網絡世界兩極化，想必不少讀者也曾眼有所見、耳有所聞。打開 Facebook、Instagram、X（formerly Twitter）等社交媒體，即便是搞笑片段等人畜無害的內容，點開留言也可以看到連串罵戰；新聞媒體社交帳號的留言區則更是血流成河，基本上任何新聞也可鼓動一場大型罵戰。但與英語世界相比，華文世界社交媒體的兩極化可說是小巫見大巫。在英語網絡世界中，不同類型的內容都可以找到非常兩極的罵戰，而且參與者動輒上綱上線，指控他人種族主義、性別歧視等等。不少論者都認為近年美國政治越趨兩極化，與社交媒體盛行不無關係。而越來越多媒體和學者也開始關注社交網絡對政治兩極化的關聯，並要求政府對掌控社交媒體的大型科技公司加強監管。

2020 年，網飛（Netflix）推出了一套名為《監視資本主義：智能陷阱》（Social Dilemma）的紀錄片。該片指出，各國社會近年來的分裂和混亂很大程度上都源於社交媒體的大數據演算法。作為用家，我們可能自以為是社交媒體公司的客戶，但其實不然。這些企業的真正客戶是廣告商，而我們用家則是被出售的商品。社交媒體公司透過演算法分析出我們的生活喜好，再餵給我們最個人化的廣告，這正是他們的生財之道。而我們待在社交媒體上的時間越長，他們便賺得越多。於是，Facebook、Twitter 等大型科技公司的軟件工程師着手使用機器學習分析用家的喜好，並透過演算法餵給用家更多他們喜歡的內容。因此當你開始觀看哈士奇的搞笑影片，Instagram 便會推薦你看其他貓貓狗狗的可愛內容。

在此過程中，軟件工程師還發現挑起情緒的內容最能留住用家。例如，可愛的金毛尋回犬的影片或相片能引起人的同情心，進而不能自拔地看更多相關的內容。但對比這些正面的情緒，原來挑起憤怒的內容更能增加用家參與度，當看到這些內容時，用家不僅只看，更會留言、轉發，並引起其他朋友的關注、留言、和轉發。結果，這個演算法便無意中製造了「回聲谷」(Echo Chamber) 效應。一方面，它不斷餵給用家觀點相近而又能挑動情緒的內容；而用家轉發內容，也讓更多朋友進入這個「回聲谷」，並在當中互動。最終每名用家都只看到自己喜歡和讚同的觀點和內容，政見越來越極端，也拋棄了理性思辨。該片的導演認為，兩極化的社交媒體正是最適合極端主義團體發展的土壤，導致極右民粹主義組織在短短幾年間迅速於歐美冒起。

自《監視資本主義》推出以後，不少學者進一步分析社交網絡與政治兩極化的關係。2022 年，權威科學期刊《自然》(*Nature*) 刊登一篇名為《意見放大導致社交網絡的極端兩極分化》(*Opinion amplification causes extreme polarization in social networks*)的論文。該文指出,在社交網絡中,當一人嘗試以誇張的方式表達意見——例如情緒渲染或使用假資訊——以獲得注意時,其他用家,無論持正反意見,也會被迫以同樣誇張的方式發表意見,以獲得同等注意。結果,這些誇大而且往往情緒化的對話輕易造就意見兩極分化的羣體。該文的研究人員提出,我們應限制那些經常以誇張方式表達意見的用家的發言次數,並向其他用家發佈意見更多元的內容,以防極端主義抬頭。

但我們可以預見,大型科技公司絕不會輕易就範。有市場研究發現,用家在情緒被挑動的時候,更願意花錢購物,研究者稱之為「衝動購物」(Impulsive Buying);而由於社交網絡能向用家提供非常個人化、也非常能挑動情緒的內容,故它所能賺取的廣告收入遠勝於傳統媒體。試問,這些大型科技企業又怎會輕易放棄這個點石成金的演算法?以這些科技巨頭在華府國會山莊的影響力,想必難見相關規管法案出台之日。如果以為科技公司巨頭們會為了社會安寧而放棄自身利益的話,那未免對這些企業高層的良知有太高的要求了吧?

升溫中的溫哥華

2024 年 2 月中，加拿大卑詩省列治文（Richmond）市議會以 7 比 2 通過議案，啟動研究在該市醫院設立監督藥物注射場。會議場外，大批華裔示威者抗議反對，並與支持議案的示威者對罵。隨着雙方情緒升溫，一名白人女子向華裔示威者高喊：「你們不屬於這裏！滾回香港吧！」又指毒品來自中國。有關片段迅速在網上流傳，並社會引起廣泛關注。不少人士譴責此言行為對華人的種族歧視，與加拿大的價值觀背道而馳。然而，更值得我們思考的是，在極端主義日益嚴峻的社會環境下，地緣政治已經不再是茶餘飯後的談論話題，而是關乎切身利益的個人問題。

華人社羣在歐美社會大部分都屬於比較保守的一羣。一方面，不少華人，特別是較年長一輩，都保持着傳統的文化價值觀，例如重視家庭、尊重長輩、節儉等。另一方面，部分華人移民的政治經歷使他們對自由、秩序和穩定更為重視，故更傾向於保守的政治立場。最後，雖然對華人的公然歧視已較少見，但在西方社會，華人社羣依然面臨着不同的社會壓力，例如語言障礙、文化適應，以及間接的歧視等。這些壓力都令華人更加保守，以保護自己的利益和身份。一般而言，華人在歐美社會政治參與較少，只有當如列治文般

「殺到埋身」的情況時，才挺身而出捍衛權益。

但更值得分析的，是對示威者高呼「滾回香港」的白人女子。據其事後的公開信自述，她年青時曾是吸毒者，幸得列治文康復中心的幫助，才能重拾人生。故此，她對於「極度誤解和被恐懼驅使」的華人羣體反對議案十分不忿，認為他們之言行「並不是加拿大人的做法。」另一方面，她又在信中為自己的種族主義言論道歉，指自己「不討厭中國人或任何亞洲文化」，亦非「一個充滿仇恨的人」。她補充：「我的反應是非常錯誤的。我不應叫任何人回到他們來自的地方。」

她的道歉，只是門面說話嗎？我們不得而知。但我們可以從經歷和態度推斷她的立場。支持吸毒者權益的，在歐美的政治光譜上，大多屬於較開明自由的一邊，又被稱之為左翼。他們強調種族、性別平等，提倡財富重新分配，以及保護弱勢者權益。從這個角度分析，至少在理智上，她是相信種族平等的。那問題就來了，為何她可以向華人高喊「滾回香港」？難道這不是歐美社會「極右」民族主義者才會說的話嗎？

法國哲學家讓 - 皮埃爾・費伊（Jean-Pierre Faye）曾提出馬蹄鐵理論（The Horseshoe theory）。一般認為，政治光譜是一條直線，「極左」自由主義和「極右」保守主義處於線的兩端。費伊卻提出，政治光譜是馬蹄鐵型的，「極左」和「極右」思想其實在很多方面都非常接近。費伊的理論在學界非常具爭議性，但在列治文的事件上，卻不失為一件稱手的分析工具。至少，「極左」和「極右」在一件事上是共通的，那就是他們的「極端主義」。他們將自己的政治信念視為真理，無法接受他人「錯誤」的看法。結果，當理智斷線，其排外情緒便與心中一些根深蒂固的想法連結。那位白人女子心底，可能一直也存在着「香港人應滾回香港的想法」。她在信中明言：「我不應叫任何人回到他們來自的地方」，顯示她壓根不認為華人是「土生土長」的加拿大人。只是，其自由開明的政治觀把這種「錯誤」的想法一直壓着。只有當華人站在「錯誤」的一方時，排外機制便一觸即發，致使她衝口而出，說出了與自己政治信念相矛盾的說話。而這位白人女子的心態，在歐美社會恐怕並非個別特例。

近十年來，全球極端主義抬頭。我們可以預想，列治文的事件，在政治參與度高的歐美社會，將會越來越頻繁、更可能越演越激烈。華人羣體在政治上處於一個非常棘手的處境。就政治思想而言，華人較多屬於較保守的一羣；但西方的右翼保守主義者，卻或多或少有排外傾向，也較不重視種族平等的觀念，難以共融合作。較開明的自由主義者大多反對種族歧視，但在性別、毒品甚至公共財政等多項議題上，卻與很多華人的看法相違背。更可怕的是，在極端主義之下，妥協和包容越趨少見，只要一言不合，便動輒批鬥。試想，當有天極端保守主義者與極端自由主義者一起高呼：「滾回香港！」那會是多麼可怕？世界變得實在太複雜，看得懂的又有幾人？每次看到這類新聞的時候，筆者的腦海裏就只會浮現詩聖杜甫的兩句：「露從今夜白，月是故鄉明。」

美國人的美國夢

要了解美國人和美國這個國家，讀它的文學經典是不二之法。如果馬克吐溫的《湯姆歷險記》(*Adventures of Tom Sawyer*) 和《頑童流浪記》(*Adventures of Huckleberry Finn*) 反映了美國人的「邊疆精神」，費茨傑羅 (F. Scott Fitzgerald) 的《大亨小傳》(*The Great Gatsby*) 講的，就是「發夢王」(大夢想家) 對美國人的「致命吸引力」。

這部美國人心愛的小說，寫一個有陰暗過去的大亨，發跡後千方百計要與拋棄他的富家女再續情緣。大亨的陰暗過去以至陰暗面一點也不重要，重要的是他「做夢的能力」。《大亨小傳》其中一句最常被引用的話——「他的夢想似乎近在咫尺、伸手可及，最後卻與他擦身而過」(His dream must have seemed so close that he could hardly fail to grasp it)，完全可以用在剛申請破產保護的 WeWork 創辦人亞當・紐曼 (Adam Neumann) 身上。

在硅谷鼓吹閃電擴張那幾年，共享辦公室租賃公司 WeWork 強勢崛起，紐曼靠着個人魅力與舌燦蓮花，說服多家知名創投公司與企業家投資，包括「要五毛，給一塊」的軟件銀行創辦人孫正義。孫正義投資 WeWork 時，已是該公司的「G 輪」融資，但他的信心不但沒有絲毫動搖，反主動要紐曼拉高公司估值，做更大的夢。十年間募集過百億美元，估值曾衝上 470 億美元的 WeWork，很快就再度燒光了錢。由於投資人的疑慮漸增，紐曼為繼續籌措資金不得已讓公司上市，首次公開公司的財政狀況，也同時戳穿這個共享辦公室帝國的繁榮假像。

沒有人應該覺得意外。WeWork 的核心業務其實很簡單：租下空間，重新間隔，然後分租出去。這些間隔由於設計充滿時尚感，服務有彈性，所以收費比較高，如此而已。說穿了，WeWork 只是一家房地產租賃公司，雖然它一直堅稱自己是高科技新創公司，甚至是致力重塑社會組織的「社羣公司」。紐曼常掛在口邊的一句話：「我們之所以在這裏，是為了改變世界，我只關心這件事。」這近乎是發開口夢，卻竟然有那麼多美國人相信，反映了美國夢在美國仍然大有市場。

美國人除了崇拜喜歡發夢的人，也崇拜青春、喜歡把年輕人當偶像。上世紀 60 年代的青年文化有一句流行語——「沒有一個三十歲以上的人值得信任」(Don't trust anyone over 30)。這不難理解，美國畢竟是相對年輕的國家，在 1776 年通過的《獨立宣言》也不足 250 歲。更何況「留住青春」從來都是美式資本主義的價值主張？這解釋了年輕的大夢想家對美國人的吸引力，即使這些人有時並非貨真價實。前面提到的美國財經雜誌《福布斯》，每年製作及公佈一份名為「30 Under 30」的名單，表揚一批三十歲以下，在各行各業嶄露頭角，或者展現出成為未來行業及社會翹楚的潛在力量。

諷刺的是，這些所謂「非凡」的年輕人很多都是贗品。這包括大學理財平台 Frank 的創始人查莉・賈維斯（Charlie Javice），她詐騙美國最大銀行摩根大通近 2 億美元。她謊稱 Frank 是「高等教育的亞馬遜」，為超過 6000 家大學、逾 500 萬學生提供理財服務。實情是它的學生客戶只有約 50 萬。另一個例子是有「製藥哥」（Pharma Bro）之稱的黑心藥商史克瑞里（Martin Shkreli）。此子在美國幾乎無人不識、無人不憎。事緣 2015 年，圖靈製藥（Turing Pharmaceuticals）買下治療瘧疾、癌症和愛滋的達拉匹林（Daraprim）後，將這款「救命藥」的售價由 13.5 美元提高到 750 美元。時任執行長的史克瑞里在一連串的電視訪問和推特發文中為加價護航，更肆意嘲諷大眾，說他們無知，不知研發藥物的難處。自此「製藥哥」成為美國人的公敵，後來更因惡意哄抬藥價和壟斷市場，遭法院判處七年有期徒刑，且終身不得從事製藥產業。

Theranos 醜聞主角、曾有「女版喬布斯」稱號的伊莉莎白・福爾摩斯（Elizabeth Holmes）從沒在名單上出現，但她曾經在「福布斯三十以下高峯會」中掛頭牌。金髮碧眼的福爾摩斯十九歲毅然輟學創辦獨角獸公司，三十歲登上事業高峯，身價一度高達四十五億美元，曾是全球最年輕的女億萬富豪。誰料短短幾年神話破滅，「女神」被起訴，公司破產。三十七歲因欺詐罪出庭受審，最後罪名成立，鋃鐺入獄。

這不是《福布斯》的錯。錯的是對青春的盲目崇拜和「成功要趁早」的功利主義。「30 Under 30」不只是一張名單，更是一種心態。青春稍縱即逝，你不是年輕就是老，就像你不是贏就是輸。在這樣二元化的社會價值觀下，年輕人承受巨大的壓力要在變老之前成功，或至少令人覺得他們成功。「弄假直至成真」(Fake it till you make it) 是美國人的民間智慧，硅谷的創業文化更把它發揚光大。

假作真時真亦假

2025 年 3 月，特朗普上台僅兩個月，便在國內外掀起軒然大波。在國內，他推動的政策引發廣泛爭議，例如 DOGE（Department of Government Efficiency）對所有聯邦機構進行審計，暫停大量常規開支資金，導致許多聯邦政府人員面臨失業風險，甚至引發抗議潮。外交方面，美國在處理俄烏戰爭問題上不僅成了鬧劇，還頻繁對盟國施壓，以關稅作為談判籌碼，試圖重塑國際貿易關係。這一系列舉動讓美國的傳統盟友開始重新思考是否應該脫離美國主導的國際秩序，甚至尋求新的經濟與軍事合作夥伴。

許多評論家對美國人為何選出這樣一位總統感到困惑。要知道，特朗普不僅在選舉人票上取得壓倒性勝利，在普選總票數上亦擊敗對手賀錦麗（Kamala Harris），顯示他確實是美國人「一人一票」選出的總統，而非僅依靠選舉人制度當選。學者與政治分析人士試圖從不同角度解釋這一現象，涉及經濟不平等、民粹主義抬頭，甚至種族與文化衝突等因素。然而，筆者認為，特朗普能夠成功當選，與美國社會長期流行的「Fake it till you make it」思想息息相關。

「Fake it till you make it」的概念可以追溯到美國早期的自我成長與成功學風潮。許多勵志書籍，如拿破崙・希爾

(Napoleon Hill）的《思考致富》(*Think and Grow Rich*）以及戴爾・卡內基（Dale Carnegie）的《人性的弱點》(*How to Win Friends and Influence People*）等，都強調「先裝出成功者的心態與行為，並最終成為成功者」的理念。人們相信，只要表現得足夠自信、塑造出成功形象，就能吸引資源，進而真正實現目標。這種思維在美國商業文化中尤為明顯。20 世紀下半葉，隨着成長型思維與創業精神的興盛，「Fake it till you make it」成為許多企業家、創業者及成功學導師口中的常見口號。這個也不能完全説是錯的，比如生物醫療公司，它們的研發成本是以上億的美元計算，如果投資者不相信的話，創業者根本不會有足夠的資本去認證他公司的藥品是否有效。因此，美國夢強調個人奮鬥與自我實現，使得人們更加願意相信，只要有足夠的魄力與「假裝成功的決心」，理想終究會變為現實。這種文化不僅影響企業界，也滲透到政壇，甚至改變了選民對領袖的期待——比起扎實的政策與經驗，人們更願意被有魅力、有遠大願景，並且能夠「看起來」成功的領袖所吸引。

特朗普的崛起是「Fake it till you make it」在政治舞台上的經典實例。早在進軍政壇以前，他已透過商業和娛樂界的曝光，運用「從形象出發」的策略來強化自己的「成功者」定位。首先，特朗普依賴地產生意和大量媒體曝光，塑造出「成功大亨」形象；儘管多次商業破產，但在鏡頭前，外界看到的始終是豪華辦公室、金碧輝煌的招牌，以及他毫不動搖的自信言辭。接着，真人秀節目《飛黃騰達》(*The Apprentice*) 等多方名人採訪，讓他在鏡頭前展現出一種「高高在上、可支配一切」的態勢。節目的高收視率帶來了巨大的媒體影響力，使他在競選時能夠輕鬆將這種形象轉移到政治領域。在競選過程中，他大規模使用「Fake it till you make it」策略，透過簡單而鮮明的政治口號——如「讓美國再次偉大」(Make America Great Again) ——吸引支持者。他以極高的自信、毫不猶豫的語氣，提出「美國將贏回製造業」、「邊境將建高牆」、「經濟將重振」等承諾，儘管缺乏具體政策細節，但卻成功吸引了大量對傳統政治失望的選民。他塑造了一個「唯有他才能拯救美國」的形象，並且在話語主導權上始終保持領先，使對手難以削弱他的影響力。

特朗普的崛起亦得益於美國選民的政治知識不足。一項 2022 年的調查發現，在 1209 名美國公民中，有七成受訪者高估了自己對政治知識的了解。例如，有人認為自己在政治常識測試中的表現優異，然而實際上，他們僅答對五道題中的一道，且有 82% 的受訪者的得分高於他們。這種普遍的過度自信，使他們更容易受到簡單而強而有力的口號吸引，而忽視政策細節。例如，一些美國人堅信政府開支中有

18% 用於對外經濟援助，而實際數字卻不到 1%。這種錯誤認知與過度自信的結合，使特朗普能夠透過強烈的自信和簡單明了的訊息，輕易獲得大量選民支持。更甚者，部分美國選民的政治知識貧乏，使他們更容易受到錯誤資訊影響。這些「低資訊選民」往往依賴社交媒體與電視新聞獲取資訊，缺乏對政策的深入了解，容易被煽動性言論操控，這進一步助長了特朗普的策略奏效。

然而，一羣缺乏政治素養的選民支持某人，並不意味着該人的政策就具可行性。正如股神巴菲特所言：「只有當潮水退去，才知道誰在裸泳。」(Only when the tide is down do you know who has been swimming naked.) 隨着政府運作的混亂、左翼媒體的攻擊，以及盟友的反撲，這場政治大戲似乎已經開始退潮。那麼，這位「美國皇帝」的華麗新衣是否還在呢？長期的愚民政策，讓當權者更容易操控民意，但若選民對政治的愚昧程度持續下降，美國未來是否仍會選出另一個特朗普？這才是人們應該思考的問題。究竟，特朗普是病源，還是病徵？

血淋淋的一齣舞台劇

2024 年 7 月 13 日傍晚，特朗普在賓夕凡尼亞州的總統大選造勢集會中遭一名男子槍擊暗殺。所幸特朗普沒有大礙，只是右耳受輕傷。面部染血的他在美國特勤局保鏢掩護下起身並向羣眾握拳高舉示意，成為標誌性新聞畫面。他絕不是美國第一位遭暗殺的美國總統。1865 年 4 月 14 日，時任美國總統林肯在華盛頓福特劇院被槍擊身亡。1963 年 11 月 22 日，時任美國總統約翰・甘迺迪在經過德州達拉斯的迪利廣場時被槍手刺殺。特朗普遇刺案，一方面可視為政治暗殺的又一嘗試，同時也反映美國政壇日趨暴力。

美國的政治暴力其來有自。不少學者都認為，美國的政治暴力可以追溯到 18 世紀的獨立戰爭以及 19 世紀反對奴隸制的內戰。20 世紀初，工業化和城市化引發的勞工運動和罷工常伴隨着暴力，1960 年代的民權運動期間，暗殺、騷亂和針對民權領袖的暴力行為頻發。1960 年代末至 1970 年代初，左翼團體如「地下氣象組織」（Weather Underground Organization）進行了一系列反戰和反政府的暴力行動。但自 1970 年代末開始，政治暴力轉向右翼，白人至上主義、反墮胎和民兵組織興起，暴力事件數量減少，但目標轉向少數族裔、墮胎提供者和聯邦探員等等。

近年來，隨着美國政治日趨極端化，部分學者開始擔心美國將出現新一輪的政治暴力浪潮。其中，2021 年 1 月總統大選後的國會山莊騷亂令學者和觀察家尤其擔心。研究發現，與傳統的左翼暴力分子不同，近年的右翼暴力分子通常年紀較大、社會地位亦較穩定；當中不少人都有工作、已婚並有子女。他們中的一些人定期參加教會或社區團體活動，而這些團體往往都持有暴力和陰謀論的觀點。換句話說，這些人不是「孤狼」，而是來自一個有共同理念的社區。這些右翼社羣中的核心理念，是白人基督教男性在美國面臨文化和人口威脅，需要保護，而共和黨和特朗普將保護他們的生活方式。這種模式與 19 世紀美國的政治暴力相似，當時的黨派身份同樣與種族、宗教和移民身份混為一談，許多美國出生的公民感到他們的文化權力和地位正被其他社會羣體奪走，繼而訴諸暴力，達到政治目的。

然而，政治兩極化並不必然導致政治暴力；畢竟，意見不合不一定需要兵戎相見。美國的政治暴力，與美國特有的政治文化和制度有密切關係。國際關係學者 Rachel Kleinfeld 指出，與一般大眾的認知相反，美國選民的意識形態分歧並不像他們自己認為的那麼嚴重。儘管美國人在一些熱門議題上仍存在分歧，例如墮胎和槍支管制；但即便在這些議題上，他們也存有一些共識，例如多數民主黨人和 40%

的共和黨人支持禁止銷售高容量彈匣，以及建立聯邦槍支銷售數據庫。

真正在意識形態上有嚴重分歧的，只是那些華盛頓的美國政客；在今天參眾兩院，兩黨投票支持的政策幾乎沒有重疊。而由於他們政綱兩極化，選民也被迫在兩極的選擇中二擇其一。例如，只有 18% 的共和黨人認為槍支暴力是主要問題，而民主黨和其民主黨支持者的比率則為 73%。這變相是迫使美國人套用極度簡化的論調去理解和思考非常複雜的政治問題；選民並沒有辦法向國會表達他們的意見。

另一方面，儘管美國人在意識形態上並不如他們自己所想那麼分歧，他們在政治情感上卻非常對立。許多研究都發現，美國人的情感極化（affective polarization）主要源於對另一黨派政策信仰的誤解、認為另一黨派成員不喜歡自己黨派成員、擔心另一黨派破壞民主規範，以及對另一黨派羣族構成的誤解。美國的情感極化反映了選民間的深層次情感對立，這種對立雖然不直接導致政治暴力，但可能製造出醞釀政治暴力的土壤。在這個環境中，政客和意見領袖可以煽動仇恨和恐懼，從而增加針對特定羣體的暴力行為。Rachel Kleinfeld 認為，選民之間的溝通和互相理解並不能根本解決情感極化以及其引申出的政治暴力問題。這是因為現有美國的選舉制度不單容讓、更是鼓勵政客策略性利用情感極化來爭取選票。美國要走出這個困局，必須首先改變這個贏者通吃的政治系統，讓中間派的候選人也有機會當選，這樣才有機會扭轉日趨極端的政治局面。

巧妙地使用贏者通吃的政治系統、並策略性地使用情感極化的政客當中，最成功者首推特朗普莫屬。2016 年，他的出現將共和黨推向極保守的一端。為了挽回頹勢，民主黨鼓吹「特朗普上任即美國之末日」之類的論調，進一步推高選民情緒。8 年以後，美國政壇不單日趨極端化，政治暴力也日趨嚴重。那顆擦過特朗普耳朵的子彈，可說是他親手上膛的。可憐的，卻是他台下身中流彈的支持者們。

尚屬可信

2024 年 8 月，美國前總統特朗普遇刺案後兩星期，案件細節逐漸浮面。據報道，刺客為 20 歲男子 Thomas Matthew Crooks，當天以 AR-15 步槍在一棟距離講台約 120 公尺的工廠上向特朗普連開八槍。特朗普無端側頭避開血光之災，台下的一名支持者卻慘成槍下亡魂，另有兩人不幸重傷。而特勤局反襲擊隊迅速以狙擊步槍將疑犯當場擊斃。事發後一週，特勤局局長 Kimberly A. Cheatle 引咎辭職。案件看似告一段落，但當中不少疑團仍然未解。為何特勤局不派人看守距講台只有 120 公尺的制高點？此外，有在場人士指他早已發現刺客並通知警方，卻不獲理會。陰謀論隨之四起。特朗普的反對者聲稱此事為特朗普為選戰自編自導自演；其支持者則聲稱暗殺為民主黨所策劃，而犯下嚴重錯誤的特勤局是同謀。在缺乏進一步的證據下，這些陰謀論自只可當作茶餘飯後之談。然而台下觀眾討論得熱烘烘，當政者卻希望息事寧人。總統拜登和其他政要一如預料譴責暴力事件，卻鮮少指責特勤局犯錯；前總統奧巴馬、布殊，都讚揚特勤局迅速擊斃兇手。更令人驚訝的事，特朗普也沒有對特勤局的失誤作出任何評價，只是感謝他們迅速處理問題。他們的反應，不禁令我聯想起 150 年前大清的一樁刺殺懸案。

同治九年（1870 年）七月二十六日，兩江總督馬新貽自金陵校閱場閱兵後，返回總督轅門，半途遇到有人攔路喊冤，刺客張汶祥趁隙以匕首刺傷馬新貽，後者延至翌日不治身亡。張汶祥犯案後束手就擒，並在獄中透露，下手行刺的主因是馬新貽「不仁不義」。但案中細節，他卻矢口不說，只是指名曾國藩和刑部尚書鄭敦謹來審理，才願供出實情。此案便是為後人所熟知的「刺馬案」。兩江總督為大清重要職位，總管江南和江西兩省的軍民政務。由於事關重大，故此案初交由江寧將軍魁玉審理。然而辦案月餘，魁玉卻苦無進展。九月一日，張之洞從兄張之萬赴金陵，進行會審，馬新貽部屬袁保慶等人要求嚴刑問訊，張之萬以「案情重大，不便徒事刑求。儻未正典刑而瘐死，誰負其咎」拒絕。然而，二人會審多日，卻仍然一無所獲。最後，張之萬聯同魁玉上奏說：「兇犯張汶祥…矢口不移其供，無另有主使各情，尚屬可信。」

慈禧太后對此調查結果並不滿意，終於如張汶祥所願，派刑部尚書鄭敦謹與曾國藩親至兩江總督轅門辦案。慈禧曾問曾國藩：「此案豈不甚怪？」曾國藩答：「的確怪。」但更怪的是，慈禧敦促曾國藩接任兩江總督，並速至金陵查案，曾國藩卻稱病延遲數月未行；至慈禧第二次問起，曾國藩方才施施然赴任。抵達金陵江寧府後，曾國藩不審案，卻每日翻看紀曉嵐寫作的志怪小說《閱微草堂筆記》，悠閒度日，至鄭敦謹抵金陵後，曾國藩方始調閱案卷。鄧之誠《骨董三記》說：「國藩不欲深求，必有不能深求者在。」鄭敦謹連審十四日，案情無所進展，只好和曾國藩聯名上奏：「此案張之萬等審訊結果，是實！」同治十年（1871 年）三月二十六日，慈禧下旨將刺客張汶祥淩遲處死。索然無味的鄭敦謹感歎官場黑暗，也索性辭官歸鄉。

與特朗普遇刺案一樣，馬新貽案疑點重重，流言因而四起。太平天國亂平以後，江南為曾國藩的湘軍系統把持。有人認為，慈禧太后委派馬新貽而非曾國藩接任兩江總督，就是忌憚湘軍，恐湘軍坐大。亦有人推測，慈禧太后認為湘軍在攻陷金陵後，搜刮了大量財寶，並將之私藏。馬新貽的任務，便是找回這批財寶，以救耗竭的國庫。加上，張汶祥犯案後指名曾國藩和鄭敦謹來審，而曾國藩到任後卻公然怠慢調查。種種跡象顯示，刺殺馬新貽的幕後兇手，很可能是湘軍系統之人，甚或是曾國藩授意為之。

然而，真正令我將兩單刺殺案聯想在一起的，卻是沮喪的刑部尚書鄭敦謹的反應。鄭敦謹審完案後，未及回京復命就在途中上書以病乞罷，終生再未為官。在臨走前，他曾說道：「外慚清議，內疚神明。」我相信，他感覺到朝政內外，都沒有人希望他尋得真相。湘軍系統的人，作為既得利益者，自不希望鄭敦謹將他們與案件連上關係。而鄭敦謹的頂頭上司慈禧太后，看來也不太希望真相水落石出。因為，若案件真的與湘軍甚或曾國藩有關，稍有不慎，豈不又引起另一場南北內戰？因此，鄭敦謹作為刑部尚書，只是整個事件的犧牲品。朝廷需要一個德高望重的人物用人格擔保張汶祥是獨自行兇，以保住慈禧與地方門面上的主從關係。而犧牲的，便是鄭敦謹的人格。同樣地，似乎兩黨的共識都是不甚追究此次刺殺的全部真相。因為一個不小心發現龐大陰謀，到時誰去掩蓋那個美國政治裏所潛在的大笨象？畢竟，在龐大的利益面前，真相還重要嗎？

中庸的奧妙之處

西方人通常都是義無反顧的認為他們那樣的民主制度是帶着絕對性的真善美。此話對錯，看官自可自行定奪。但可以確定的是，這句話本就是充滿問題。究竟怎樣才算更接近他們所認為的民主呢？更多選民？更多候選人？還是將所有有關選舉的限制都降至最低呢？近年來，隨着西方社會政治越趨兩極，歐美的學者也開始反思實行百年的民主制度有何缺陷。對於他們來說其中一個最傷腦筋的問題是，為甚麼 2016 年會選出特朗普這樣一個狂人——有部分學者認為，問題在於美國初選欠缺篩選。

在今天美國政壇，初選是總統選舉的一個重要環節。初選分為兩種：封閉式初選和開放式初選。封閉式初選只允許注冊為黨員的選民參與投票，而開放式初選則允許所有注冊選民參與。此外，還有一種半開放式初選，允許無黨籍選民參與但不允許其他黨的註冊選民參與。美國各州的初選通常在每四年的春季舉行，這是總統選舉週期的一部分。初選的結果將決定各州代表在全國黨代會上的投票意向，最終選出該黨的總統候選人。初選曾被視為民主化的一個進程，以減低兩黨領導層的權力。然而近年來，美國學者開始質疑初選的作用。

事實上，初選直到1970年代才開始出現。1968年，休伯特・漢弗萊（Hubert Horatio Humphrey, Jr）在未參與任何初選的情況下，便獲選為民主黨的總統候選人，引來強烈不滿，迫使民主黨增強了初選選民的決策權，而共和黨不久後也跟上了這一改變。在新制度下，大多數提名人都是經驗豐富的政治家，具備令人信服的履歷和牢固的黨派聯繫。不過，這些出色的候選人之所以能夠脫穎而出，最主要仍是因為他們通過了「隱形初選」中的專業門檻審查。即使是在1970年代的變革之後，候選人仍需要向黨內的民選官員和內部人士證明他們的能力，這包括獲得有影響力政治元老的支持、吸引媒體注意、展示對多個選民羣體的吸引力、吸引頂尖競選人才及籌集資金等。這一系統的設計，旨在平衡民主參與和專業選擇之間的關係，透過這種方式，黨內的高層和有影響力的派系領袖間接地對候選人進行篩選。儘管這有助於保持候選人質量，但它也引發了關於初選民主性和透明度的討論。

到了2016年，美國初選的情況出現了前所未有的變化。隨着政治極端化，選民對於政黨建制的認可已經充滿懷疑甚至是敵意，部分人相信美國政治已經完全為跨國公司和大財團把持，選哪個候選人都是一樣。這讓外來候選人如特朗普和伯尼・桑德斯（Bernard “Bernie” Sanders）能夠利用這種情緒，將缺乏黨內支持轉化成他們的「自主性」。二人也學會了繞過傳統的金主，通過網絡募捐、尋求富豪的支持或自掏腰包競選。同時，媒體環境的演變，特別是社交媒體興起，也為這些非典型候選人提供了曝光的機會。而諷刺的是，兩人的政治立場正是各走極端，前者極右，後者極左。

另一方面，近年來美國初選候選人數目急增，從 2010 年的 5.2 人增加到 2020 年的 7.3 人，這也對立場極端的候選人越為有利。誠然，更多的候選人意味着更多的選擇，理論上可以促進更廣泛的政治參與和代表性。然而，實際上這也可能導致選票分散，使沒有廣泛支持的極端或爭議性人物更容易突破初選。舉例而言，若初選只有五位候選人時，立場極端的候選人往往很難得到超過兩成的選票；但若初選共有十位候選人，立場極端的候選人只要穩定獲得超過 10% 的「鐵票」，便可勝出。問題是，這位極端候選人的政綱可能與餘下八成多選民的政治取向大相徑庭。這種現象增加了民主制度的不穩定性，甚至助長了民粹主義和極端主義的崛起。

在 2016 年，共和黨的元老都相信其初選制度和選民的理性能有效制衡特朗普，結果黨內領導層直到事態無法挽回時才意識到，他們的初選選民可能並不抗拒這個狂人。更令傳統政界人士和學者驚訝的是，特朗普最終竟能登上總統寶座。2016 年特朗普的成功揭示了美國初選提名系統的一個關鍵漏洞：當缺乏足夠的專業審查和建制的平衡時，往往對立場極端的參選人更為有利。這不僅顯示出民主制度的脆弱性，也指出了民主必須在開放性與專業審查之間找到更好的平衡。雖然 2020 年特朗普連任失敗，但初選的兩難困局仍待解決：是支持一位能夠統一黨派並具有廣泛吸引力的傳統候選人，還是冒險讓初選過程自由發展，甘冒選出一位更為激進的候選人之險呢？這仍然令民主、共和兩黨傷透腦筋。

很多時候當人們把非常複雜的事情講得非黑即白、變成 0 和 1 的問題時，明智的人可能需要認真思考，這背後是甚麼力量想把奇妙的操作說成絕對的善美。正如德裔美國作家 Charles Bukowski 說過：「世界的問題在於有智慧的人往往對自己所知道的東西存疑，而愚蠢的人卻對自己充滿信心。」(The problem with the world is that the intelligent people are full of doubts, while the stupid ones are full of confidence.)

第三章

為民服務

章前導言 ★ ★ ★ ★ ★ ★ ★ ★ ★ ★ ★ ★ ★ ★

在資本主義社會，人們習慣認為企業的核心目標是盈利，而政府的核心職責則是服務人民。然而，當企業與政府形成利益共生關係，當市場的力量滲透到公共服務，當慈善與人道主義成為盈利工具，那麼「服務人民」這句話便不再是承諾，而是精心包裝的商業策略。事實上，許多西方國家的資本家與企業，正透過這種方式，對內部社會與外部世界進行系統性的剝削，並且在許多情況下，他們甚至能夠讓被剝削者相信，自己正受惠於這一套制度。

美國的食品與健康產業便是一個典型案例。自 1970 年代布雷頓森林體系崩潰以來，美國政府對本土農業，特別是玉米與大豆產業提供大量補貼，導致含糖與高度加工食品的成本下降，使低收入羣體更容易獲得廉價但不健康的食物。結果，美國的肥胖率自此飆升，肥胖相關疾病如糖尿病與心血管疾病成為公共健康危機。然而，這場危機卻成為醫藥與食品產業的雙重商機：一方面，企業推動高度加工食品；另一方面，藥廠則大力發展降血糖與減重藥物，讓人們可以「無憂無慮」地維持不健康的生活方式。當這種模式成為美國經濟的一部分時，肥胖不再僅僅是個人選擇的問題，而是企業與政府共生的結果——一手製造問題，一手提供「解決方案」，並讓整個社會為此買單。

同樣的模式也出現在監獄產業。美國擁有全球最高的監禁率，私人監獄公司透過與政府簽訂合同獲得巨額利潤，甚至遊說政府制定更嚴格的刑罰，以確保監獄能夠長期維持高囚犯數量。更令人震驚的是，這些監獄還成為廉價勞動力供應中心，許多跨國企業透過監獄勞工降低生產成本，這種現象在經濟學上被稱為「監禁產業複合體」(Prison-Industrial Complex)。換句話說，所謂的「司法正義」，在許多情況下，已經變成了一場有利於企業的經濟運作，而那些被投入監獄的低收入羣體與少數族裔，則成為這場遊戲的犧牲品。

此外，這種「以公共服務之名進行剝削」的模式，也延伸至西方國家的移民政策。許多西方政府將庇護中心的運營外包給私人企業，這些企業透過政府補助獲取豐厚利潤，卻往往提供惡劣的居住環境，使尋求庇護者面臨長期的生存困境。某些庇護中心的條件甚至比監獄還差，但由於政府的監管不力，這些企業不僅不受懲罰，反而透過長期合同持續獲得巨額資金。在這個過程中，移民問題被塑造成社會矛盾的根源，轉移了公眾對企業剝削的注意力，使民眾將不滿指向移民，而非真正從中獲利的資本勢力。

這一切都指向一個核心問題：當市場邏輯滲透到公共服務，當企業透過「為人民服務」的名義進行剝削時，普通人是否還能真正獲得應有的權利？從食品與醫療，到監獄與移民政策，西方資本主義社會已經建立起一個極為高效的剝削機制——它不僅讓剝削顯得合理，甚至讓受害者相信這是制度運行的必然。當公共服務變成牟利工具，當慈善與人道主義變成包裝剝削的糖衣，那麼真正的問題便不再是如何改善社會，而是如何擺脫這一套「以自由與公益之名」所構建的虛假世界。

糖衣的國度

1971 年，隨着布雷頓森林體系（Bretton Woods system）的終結，美國人的金融皮帶鬆綁了，美國人的褲頭帶卻也跟着鬆綁了。此話怎講？1944 年 7 月，諾曼第登陸後一個月，盟軍開始反攻德國，44 個國家的代表齊集美國新罕布夏州布雷頓森林公園，簽訂了《布雷頓森林協定》（Bretton Woods Agreements），以重建戰後的金融秩序。此協定建立了一個固定匯率制度，將美元與黃金掛鈎，其他貨幣則與美元掛鈎。然而到了 1960 年代末，隨着美軍深陷越南戰爭，國內外開支日益增長，美國無法再以 35 美元兌換一盎司黃金，美元信任度開始動搖。1971 年，尼克松總統（President Nixon）宣佈美元與黃金脫鈎，布雷頓森林體系隨之崩潰，這一事件被稱為「尼克松震盪」（Nixon Shock）。此後，美元大幅貶值，對全球經濟及美國自身的社會經濟結構產生了深遠的影響。

在同一時期，美國的肥胖率開始顯著上升。這是因為美元貶值導致進口食品價格上漲，聯邦政府為了保住本土經濟，對農業尤其是玉米、大豆等主要原料進行大量補貼，結果令高糖分食品價格急降。此補貼降低了高加工食品的成本，使得這類食品在低收入羣體中大為普及。結果，自 1970 年代起，隨着高度加工化食品普及及快餐文化興起，美國人的飲食習慣發生了根本變化。2017—2018 年，美國的肥胖率高達 42.4%；而在 1960 年代初，只有少於 14% 的美國人 BMI 高於 30。過量的高熱量、低營養的食品，無疑是導致肥胖的直接原因。

然而，美國的文化也是導致美國肥胖率高企的重要原因。要降決肥胖問題，最直接的方法是減少攝取高糖分食品及飲料。美國人的解決之道，卻是投放大量資金到藥廠，發展出可以抑制糖尿病、心臟病的藥物。這變相鼓勵美國人維持其不健康的飲食習慣。而每當藥物治療無效，用家便往往將藥廠告上法庭，以期獲得天價賠償金，造就了「肥胖—藥物—訴訟」的惡性循環。結果，美國社會每年付出鉅額醫療開支，換來的卻是美國人每況愈下的健康狀況。在 12 個發達國家當中，美國 2019 年人均醫療保健支出最高，達到 10949 美元；人均支出第二高的是瑞士，每人 7138 美元，不及美國人均支出的七成。然而，美國人的人均壽命卻低於同儕；其他發達國家的男性平均壽命比美國高 5.4%，女性平均壽命則比美國高出 4.1%。更令人驚訝的是，在 1980 年，美國的預期壽命和人均醫療保健支出與其他國家並沒有很大差異；但在 1980 年至 2019 年間，美國的預期壽命增長卻較其他國家少約三年。換句話說，在二十年間，美國人的醫療開支隨年增加，人均壽命卻和其他國家愈拉愈遠。

此外，雖然近十年來美國社會不斷鼓吹平等，但數據卻顯示，美國的肥胖問題是非常「種族主義」和「階級主義」的。低收入家庭和少數族裔羣體的肥胖率，普遍高於高收入白人羣體。具體來説，在年收入低於 1.5 萬美元的家庭中，約 36% 屬肥胖，而在年收入超過 7.5 萬美元的家庭中，這一比例降至 26%。教育程度較低的族羣也更受肥胖問題影響。此外，非裔美國人和美洲原住民的肥胖率達到了 39%，而亞裔美國人則為 11%。這一差異反映了食品選擇的不平等，低收入和少數族裔社區往往只能以價格低廉的加工食品作為主食，這些食品不僅熱量高，而且營養價值非常低。此外，這些族羣往往欠缺健康教育和醫療資源，進一步加強其肥胖危機。這不僅是一個健康問題，更是社會公正和平等的重要指標。

有的人肚皮鬆了，有人卻因此荷包脹了，此人便是人所共仰的沃倫・巴菲特。巴菲特作為一位投資大師，其商業帝國從美國的肥胖問題中獲得了巨大收益。當美國人開始肥胖的同時，股神巴菲特隨即出手。1972 年，他以 2500 萬美元購入 See's Candies，該公司以生產高糖分的巧克力和糖果聞名，自收購以來已為波克夏・海瑟威 (Berkshire Hathaway) 帶來超過 20 億美元的利潤。1988 年，巴菲特開始投資可口可樂，持有其約 9.3% 的股份，成為最大的單一股東，此投資每年為其公司提供數億美元的股息收入。1997年，股神購入以加入大量糖果和曲奇餅碎在軟雪糕上面（The Blizzard）而聞名的快餐店連鎖店 Dairy Queen，自此他的甜品王國真是一時無兩。當然其投資組合不止如此，巴菲特也積極投資藥廠企業。他曾大手購入股 Sanofi-Aventis，一家全球著名的製藥公司，此藥廠正以生產治療糖尿病的藥物聞名。隨着肥胖率上升，該公司生產的糖尿病藥物銷售增長也跟着大增。隨此以外，巴菲特還持有價值 21 億美元的 DaVita 股份，該公司是全球第二大「洗腎」服務提供商。由此可見，巴菲特巧妙地利用美國的肥胖健康問題，為自己大賺一筆。股神不是跟你說着玩的！

美國的癡肥問題，可以說是美國現今社會制度的寫照。在糖衣包裝之下，美國人沉醉於高熱量、高糖分的廉價美食，享受它們所帶來的短暫快感。付出的代價，是低收入族羣及有色人種的健康，以及整個社會日益增加的醫療開支。而得益的，卻是那些吃着有機食品、享受着頂尖醫療服務的上層社會人士。一手賣糖，一手賣糖尿病藥品，這就是 GDP。

你所不知道的加拿大 OPEC

說起卡特爾（Cartel，即多家公司為控制價格和限制競爭組成的同業聯盟），很多人會想到石油輸出國組織（Organization of the Petroleum Exporting Countries，簡稱OPEC）。鮮為人知的是有「加拿大 OPEC」之稱的魁北克楓糖漿聯盟（Federation of Quebec Maple Syrup Producers，簡稱FPAQ）。

楓糖漿是很多人的至愛：楓糖紙杯蛋糕、楓糖奶油鬆餅……除了用於甜點，楓糖漿也可用來調製飲品，甚至加入咖喱讓口感更加溫潤。另外，楓糖漿較蜂蜜含更豐富的礦物質，且熱量密度也較低，對於要減重和控製糖分的人，可說是上佳選擇。加拿大是世界上最大的楓糖漿生產商，產量佔世界總產量 80%。加拿大糖漿絕大部分產自魁北克省。魁北克有個供應管理系統控制糖漿的產量，就是前文提到的FPAQ。生產者通過 FPAQ 取得生產配額。FPAQ 是得到政府批准成立的私人組織，享有的地位與官方機構無異。它的權力有多大？誰有資格生產楓糖漿、生產多少，可以在市場上出售的數量以至售價，全由 FPAQ 決定。自 1990 年以來，法例規定生產商必須把其生產的楓糖漿大部分賣給 FPAQ。FRAQ 會把多少楓糖漿出售，把多少留下儲存，全是自己說了算，生產商並無置喙的餘地。至於生產商在市場上售賣的糖漿，要納高達每磅 12% 的稅，全數給 FRAQ 用作資助它的營運。

權力如此大，難怪 FRAQ 有加拿大 OPEC 之稱。它控制着加拿大 94% 和全球 77% 的楓糖供應。跟石油輸出國組織的運作模式類似，FRAQ 透過操控楓糖在市場上的供應，確保產品能以最優惠的價格出售。這可是大生意——2022 年，每桶楓糖漿的售價高達 1900 加元，是美國原油價的 20 倍。楓糖漿是加拿大的重要收入來源，每年為其國內生產總值貢獻約 7 億 5 千萬美金。付出最大代價的往往是魁北克當地七千多家獨立楓糖漿製造商。到過魁北克的人都知道，楓糖小屋（Sugar Shacks）是當地文化的一大亮點。楓糖小屋最初是新法蘭西文化，在 17 世紀由移民帶到北美地區。在 19 世紀初開始流行，今天已成加拿大文化的重要組成部分。

楓糖小屋多設於私人農場，用作收集各種楓樹汁，然後將其製成楓糖漿。每年春天，當樹汁開始流動起來的時候，遍佈整個魁北克的楓糖小屋就會跟着熱鬧起來。很多楓糖小屋都對外開放，讓市民和遊客體驗傳統，在了解楓糖製作工藝之餘，品嚐楓糖大餐。豆子湯、厚片火腿、香腸、煙肉、肉丸、煎蛋、炸豬皮、薯條、腌菜、甜菜、烤豆子和烤麵包，都是不少到魁北克旅遊的香港人品嚐過的楓糖小屋傳統美食。在這幅美麗圖畫背後的，是一大批獨立的楓糖漿製造商在掙扎求存。他們拒絕向 FPAQ 卑躬屈膝，換來的是遭受大力打壓。一宗傳媒廣泛報道、在網飛串流的紀錄片《不義之財》（*Dirty Money*）有詳細描述的案件——一個名為格雷尼爾（Angèle Grenier）的小商人故事。她拒絕接受 FPAQ 的苛刻條件，而把自己辛苦製成的糖漿賣給大西洋區的新不倫瑞克省（New Brunswick）。

這宗黑市買賣引來加拿大警方和 FPAQ 的注意。為殺雞儆猴，他們決定重罰這個三代務農、以製造優質楓糖漿為榮的獨立小生產商。法庭下令把其製造的所有楓糖漿充公，更致命的是要她繳付 50 萬美元罰款。這似乎並不公平，因為格雷尼爾並非謀取暴利的奸商。她多番強調，只是想取回她做生意的自由而已。這不就是資本主義的真諦嗎？要繳付 50 萬美元罰款無異於迫格雷尼爾結業，她上訴到加拿大最高法院，但最高法院駁回其申請，拒絕做出裁決。這個「大衛勇戰巨人」（David vs Goliath ）的故事沒有荷里活電影的童話結局，反而變成對加拿大楓糖製造商的一個警告。

FPAQ 的支持者辯稱，聯盟嚴懲黑市買賣實有必要。它設立戰略楓糖儲備，其實是用心良苦，讓楓糖商的生計得到保障，不會因為天有不測之風雲而朝不保夕。這個所謂楓糖漿的「全球戰略儲備」（Global Strategic Reserve），有點名大於實。它其實是將 6800 萬磅楓糖漿，放在位於魁北克南部兩個小鎮的貨倉而已。這是保護主義持之以恆的論調，也許並非全無道理。但財雄勢大的聯盟選擇以分期的方式付款給小楓糖商，動輒三五七年才把款項付清，令不少楓糖商財政拮据，周轉不靈。事實上，自 2002 年 FPAQ 訂立更嚴苛的規則，即為其 7300 個會員設定生產限額以來，已經有多家生產商倒閉、破產或結束營業。楓糖漿的市價被人為的因素大幅推高，吸引了美國和加拿大的其他省份加入競爭，令魁北克的楓糖生產商幾面受敵。

止痛之痛？

紐約布朗士區（The Bronx）一家託兒所日前發生命案，一名一歲男童因吸入毒品芬太尼（Fentanyl）死亡。警方後來發現，託兒所是幌子，實則是用來制毒、藏毒和販毒的「毒窩」。事件反映了美國的類阿片危機（Opioid Crisis）有多嚴重。事實上，早有研究發現，在美國類阿片中毒有機會是五歲或以下小童服用過量藥物致死的主因。

類阿片，舊稱類鴉片或阿片類，是有嗎啡作用的化學物質，用作治療時可止痛。芬太尼在美國是被最廣泛被濫用的頭號類阿片藥物，藥力要比海洛因（Heroine）強足足五十倍。根據國家衛生統計中心（National Center for Health Statistics）的資料，美國每天有超過 1500 人死於服用過量的類阿片，是美國人死於藥物過量的大宗。據報道，連在佛羅里達州棕櫚海岸（Florida coast）出沒的鯊魚也沒法倖免，它們吃了毒販拋棄在海水的可卡因（另一流行的類阿片藥物）而變成過度活躍的「大可鯊」（Cocaine Sharks）。

上世紀 90 年代的美國，財力雄厚的製藥公司成功遊説醫生、醫療組織和聯邦政府的監管機構更重視和更積極處理病人的痛症，甚至視之為跟體溫、脈搏、呼吸及血壓同樣重要的「第五生命徵象」（the fifth vital sign）。結果，醫生為病人處方止痛藥變得普遍。不多久，售價昂貴的奧施康定（OxyContin）成為最受美國人歡迎的止痛神藥，二十多年來一直雄踞銷量榜榜首，每年銷售額幾十億美元。生產商普渡（Purdue Pharma）組建一支600人的行銷團隊，派出醫藥代表對醫生進行公關式遊説，又安排他們去度假和打高爾夫球，負擔吃住行的全部費用。當然還付給他們高昂的演講費，目的是要「説好」奧施康定的產品。

問題是奧施康可能有高度成癮性，因此容易被濫用。英文「drug」一詞可解「藥物」，也可指「毒品」，奧施康定堪稱最佳批註。它可以説是美國愈演愈烈的類阿片危機的罪魁禍首，不但禍害整整一代人，也種下今日芬太尼一類毒品被濫用的禍根。經營普渡製藥的賽克勒家族（Sackler Family）被千夫所指，最終需向直接和間接受害者賠償六十億美元，並放棄普渡製藥的經營權，但從此獲豁免刑事責任。時至今日，濫用類阿片藥物已變成威脅國家安全的公共衞生危機。2021年死於濫藥（即藥物濫用）的美國人是1999年的六倍；而幾乎可以肯定，2024年死於濫藥的美國人數將會更高。

服用類阿片藥物過量造成的死亡大多涉及海洛因和芬太尼等毒品，但歸根究底，問題的起源在於醫生為病人處方類阿片止痛藥的態度不夠嚴謹，致使大量藥物流入私人和非法交易市場。結果，不但獲處方的病人濫藥，社會上愈來愈多人服用止痛藥成癮，成為類阿片止痛藥供應大增的「溢出效應」(Spillover Effect)。

古典經濟學有所謂「薩伊定律」(Say's Law)，指供應製造需求，但美國人對類阿片止痛藥的需求，卻不是它的供應製造出來的。美國人對止痛藥的過度倚賴，是類阿片藥物危機的根本原因。這可謂美國的「痛之弔詭」。一方面，每年近二萬人死於醫生給病人處方的止痛藥。另一方面，美國疾病管制與預防中心估計，全國有多達五千萬成人受慢性疼痛折磨。受急性疼痛之苦的人更不計其數，致痛的原因複雜，包括受傷、疾病、勞損和手術的後遺症。不管是急性還是慢性，病人都想得到止痛藥的舒緩。據估計，單是用類阿片藥物來處理慢性疼痛的病人，就有五百至八百萬人。在這樣的情況下，要醫生和痛症科貿然削減給病人處方類阿片止痛藥，只會造成反效果。這從資料上得到證明：2020 年，醫生大幅減少給病人處方類阿片藥物，但死於服藥過量的人數繼續飆升。原因是以芬太尼為主的合成類阿片藥物充斥市場，市民不難從醫院和診所以外的途徑取得。

服止痛藥，甚至長期為之，不是病態。身體對止痛藥的倚賴與上癮不可混為一談。根據美國國家藥物濫用研究所(National Institute on Drug Abuse)的說法，明知服用藥物弊多於利、會對身體造成傷害還執迷不悟，才符合上癮的定義。

濫用類阿片藥物不是美國獨有的問題，世界衛生組織稱之為全球的公共衛生挑戰。但即使美國人也要承認，美國面對的問題至為嚴重，疾病管制及預防中心因此早已以「疫症」稱之。且看美國政府如何處理這個已成的燙手山芋。

市場倒金字塔

荷里活史上第二次、亦是 63 年來首次美國編劇工會和演員工會同時參與的罷工終於結束。表面上，罷工原因是新的商業模式誘發的。在過去，演員和編劇完成工作後會先獲得一筆預付款，但他們的主要收入來源是「重播費」(Residuals)，按照電視節目和電影等有廣告支持的媒體重播次數支付他們報酬。這是業內一直以來行之有效的做法。可是，近年串流平台興起，尤以網飛（Netflix）取得巨大成功，徹底改變了這個遊戲規則。不管是演員還是編劇，都要面對「重播費」暴跌的殘酷現實，有些甚至生計不保，要轉行糊口。

與其說這是網飛改變了行業生態，倒不如說是更深層的失控資本主義（Runaway Capitalism）造成。現今新經濟所指的是傳統製造工業經濟轉變成科技經濟型態。新經濟理論認為，由於經濟全球化和資訊技術進步，低通貨膨脹率、低失業率和高經濟增長率可以持續維持。所謂「水位升起的時候，所有的船也升起來」(A rising tide raises all boats) 就是這個意思。事實證明並非如此。眾所周知，美國的年通脹率由 2011 年的 3.2% 上升至 2022 年的 8.7%。到今天，經聯儲局多番加息，通脹率仍高於 2011 年水平。更糟糕的是水位升起沒有令所有船升起，很多船反而沉沒。在這方面，網飛的個案有代表性。過去十年，美國的娛樂業由商品移至服務、廣播邁向串流，最大的贏家是網飛。網飛不久前公佈了2023 財年第三季度財報。財報顯示，該公司第三季度營收高達 85 億美元，淨利潤超過 16 億美元。問題是新經濟創造的利潤和製造的財富分配嚴重不均，演員和編劇罷工，是逼上梁山。據估計，美國若 87% 的專業演員每年賺取少於 2.6 萬美元。編劇的待遇更差，很多因此要兼職做侍應生、保母或遛狗員維生。

另一個例子是網購巨頭亞馬遜（Amazon）。亞馬遜的成功令它的創辦人貝索斯（Jeff Bezos）一度成為全球首富，但在亞馬遜工作卻未必是優差。亞馬遜的物流和訂單追蹤系統舉世聞名，讓客戶可以隨時隨地「獲取」其包裹的「派送狀態」，是亞馬遜的成功祕訣。其實亞馬遜的「員工追蹤系統」不遑多讓。據外媒報道，亞馬遜利用先進的人工智能系統，以及透過監察他們的手提包裹掃描器，追蹤每個物流倉儲部門員工的工作效率，看看他們花多少時間在上班的時候做工作以外的事情，即「TOT」（Time Off Task，俗稱「摸魚時間」）。TOT 可包括跟同事閒聊、在工作間閒逛和去洗手間的時間。員工每天摸魚超過 30 分鐘，就會收到警告信；屢犯者甚至會被解僱。亞馬遜是全球最賺錢的企業之一，

2023 年第二季度的淨收入為 67.5 億美元。但這筆巨大財富很多前線員工似乎未能分享，反而要擔心飯碗不保。

肥上瘦下（Lopsided Economic Structure）是今日西方資本主義的特色。市場主導經營的體育經濟是好例子。在美國，體育產業總值超過千億。在其他歐洲發達國家，體育產業的產值達到上百億美元。可是，同樣參與其中，同樣付出血汗，體育明星與一般運動員得到的金錢回報卻天差地別。網球員費特拿（Federer）和拿度（Nadal）每年賺取天文數字的獎金和代言費，已退休的費特拿更已是億萬富翁。女網球明星亦如是，例如因傷患和情緒問題掛免戰牌的大阪直美（Naomi Osaka）便是全球吸金能力最強的女性運動員之一。可是，絕大多數的女子職業網球手都在掙扎邊緣，靠賺取微薄的獎金過活，要支付穿州過省和出國參加比賽的旅費，更不要說教練和營養師的收費了。

大眾娛樂事業的情況更極端，尤以電影為甚。社會學家貝克（Howard Becker）在他的名作《藝術世界》（*Art Worlds*）中指出，藝術不是天才的創作，而是一羣工匠、手藝人和專業人士合作的成果，以及一種集體活動的產物。創作人、經銷商、經紀人、評論人、推廣人、受眾，以至材料供應商，共同構建成產生藝術的藝術世界。這套理論最適用於第八藝術——電影。電影是羣策羣力的集體創作，只要看看電影完結時的「片尾名單」，就知道拍成一套電影有賴多少幕後功臣勞心勞力。但荷里活自上世紀初已發展出一種明星制的商業手段，強調演員是電影的靈魂，於是電影成為演員發揮個人魅力的工具。後來，荷里活將這套明星制跟法國電影的作者論（Auteur theory）結合，製造了一批明星級導演。這些本是宣傳伎倆和推銷手段，卻導致極少數的演員和導演取得「明星級」的薪酬和分紅，製作團隊的其他成員慘被剝削。這就是演員和編劇罷工的根本原因。

從「雙格」的長壽看美國社會

百歲老人、美國前國務卿基辛格在 2023 年 11 月 29 日逝世。較他早一天，著名投資者巴菲特（Warren Buffet）的副手芒格（Charlie Munger）離世，終年 99 歲。我在這裏想說的，不是基辛格的功過和外交成就；也不是芒格如何將投資和心理學融合。而是這兩位具有世界性影響力的美國白人男性一生的經歷，怎樣幫助我們閱讀美國社會。

「雙格」——基辛格與芒格——的長壽不是偶然，與他們的種族和社經地位有不可分割的關係。2019 年新冠來襲之前，美國白人的平均預期壽命是 78.8 歲，但黑人只有 74.8 歲，美國印第安人與阿拉斯加原住民（簡稱 AIAN）更只有 71.8 歲。2020 年，世紀疫症來襲，死亡率急升，大大拖低了美國人的預期壽命。從 2019 至 2024 年，美國人的整體預期壽命下降 2.7 年。當中最受影響的是 AIAN，預期壽命銳減 6.6 年，西班牙裔美國人和黑人則分別減壽 4.2 年和 4 年。至於白人，只折壽 2.4 年。

但這些只是平均數，隱藏在這些數字背後的實情更複雜、也代表着更大的社會不公。簡言之，美國目前面對的，是過去 40 年未曾有過的社會分歧甚至分裂，這完全反映在美國各地預期壽命的懸殊。《時代》雜誌引述在電子郵件創建平台 Substack 發表了一份名為 American Equality 的通訊，報道中指出居住在美國不同州縣的居民，預期壽命可相差高達 20 年。其中西部的科羅拉多州居民的平均壽命最長，達 85 歲。同為美國人，但若住在位於中西部，曾是美國印第安人聚居之所的南達科他州，平均壽命只有 67 歲。美國健康指標與評估研究所（Institute for Health Metrics and Evaluation，IHME）最近發表的研究報告指出，科羅拉多州中部居民的預期壽命冠絕全美，較某些州縣高出 20 年。報告的作者是華盛頓大學流行病學系教授默克達得（Ali Mokdad）。他說：「美國很多地區的預期壽命在下降，同時各地區之間的差異正在擴大。」何以至此？貧窮、缺乏體育運動和醫療保健，皆可縮短壽命。例如，如未能及時得到對癌症的篩選檢查，可能對健康及壽命造成不利影響。很明顯，美國現時的保健設施和醫療服務，已經千瘡百孔，必須大刀闊斧地重新規劃，以預防性保健為主，同時建立適宜居住的健康型社區。

美國不同地區的死亡率差距擴大，令人擔憂。目前具體的誘因還不清楚，但相信與低收入、不健康的生活方式和飲食習慣、肥胖和未能獲得醫療服務等有關。健康情況較佳的人士搬離社區，會令社區的平均健康水平下降。近期多份醫學報告指出，與其他富裕國家相比，美國人的壽命正在下降。例如澳洲在提供預防性醫療服務及幫助國民擺脱不健康生活方式兩方面，皆比美國做得稱職。諸如吸煙、活動量不足、肥胖和高血壓等可預防的健康隱患，美國政府一直掉以輕心。報告指出，1980 至 2014 年期間，預期壽命增長最快和死亡率較低的地區，是華盛頓特區和維吉尼亞州的勞敦(Loudoun)縣，居民壽命分別增長 12.8% 和 12.4%。這期間，預期壽命下降的 10 個地區中，有 8 個出現在肯塔基州，另外兩個在俄克拉何馬州和阿拉巴馬州。死亡率最高的地區包括阿巴拉契亞中部、密西西比河三角洲和達科他州，以及美洲原住民較多的地區。

在美國誰主生死？答案是財富、地理位置和種族、膚色、性別、年齡和收入等人口統計特徵。美國的聯邦體制由一個全國政府和 50 個州政府組成，州政府的政策對當地居民的福祉和預期壽命往往有決定性的影響。例如公共健康保險計劃「Medicaid」是低收入居民的救命草和護身符，但最高法院裁定，各州可自行選擇是否參與惠及大多數人的「Medicaid 擴張計劃」(Medicaid expansion)。此外，各州對槍械管制和防止濫藥的立場和政策不盡相同，間或更南轅北轍。這對其居民的預期壽命大有影響：藥物濫用殺人於無形，美國每年逾十萬人死於濫藥。每年的槍下亡魂更多於在交通意外中喪命的人。

同樣不能低估的，是金錢的力量。家庭收入與預期壽命長短息息相關。亞斯本（Aspen，位於科羅拉多州）和聖克拉拉（Santa Clara，位於加利福尼亞州）是全美有數的富裕城市，當地人的平均預期壽命——87 歲——也是全美國最高。比較起來，奧斯利縣（Owsley County，位於肯塔基州東部）和尤寧縣（Union County，位於佛羅里達州北部）可說是一貧如洗，它們的家庭收入中位數只有三萬五千美元，而平均的預期壽命也是全國最低，只有 67 歲。這是因為窮人一般來說缺乏醫療保障、常常住在用來放置或棄置有毒物質的地方和居住在「食物沙漠」（food desert）——即沒有新鮮、健康食品供應的地區）。「雙格」的長壽背後，是美國資本主義不平等的寫照。

繼承之戰

美國作家費茨傑羅（F. Scott Fitzgerald）與海明威（Ernest Hemingway）有以下一段著名對話：

「富人跟我們就是不一樣。」

「是的，他們有更多錢。」

對有錢人的着迷和又愛又恨，是不變的羣眾心理。這大概就是美劇《繼承之戰》（Succession）在全球大受歡迎、被奉為神劇的原因。2018 年推出第一季的《繼承之戰》描述 80 歲的媒體大亨羅根洛伊（Logan Roy）健康轉差，四名子女展開繼承大業的爭奪戰。豪門爭產也許沒有多大新意，但劇集設置在網絡崛起、傳統媒體沒落的大環境下，誰能帶領巨大的集團華麗轉身這一故事，無法不令人想到年屆 93 的傳媒大亨梅鐸（Rupert Murdoch），以及他旗下新聞集團和霍士公司的前途。這令娛樂性豐富的《繼承之戰》同時添了一層現實意義和八卦色彩。難怪它的系列大結局播出時，吸引超過 290 萬觀眾收看。

其實《繼承之戰》真正的現實意義不在於對梅鐸家族的影射，而是對當今美國社會的反映——大企業和富人壟斷美國的政經運作。即使幾年前特朗普以民粹主義和白人至上主義煽動草根階層而成功當選總統，他的富商背景仍是鐵一般的事實。還有的是它對所謂「超富」(Ultra-rich) 的「內窺鏡式」探討。洛伊和子女以至姻親的關係幾乎完全建立在利益和計算之上。在他們的眼中，親情只是在適當時候用得着的一種貨幣。劇中有一場戲在網上瘋傳：洛伊的女婿侃侃而談做「超富」的好處。他說：「有錢真有意思，就像做超級英雄一樣，應該說，比做超級英雄更爽。我們可以為所欲為，活在法律之上。像超級英雄一樣，我們也要穿制服見人，但那套制服是由阿瑪尼 (Armani) 設計的。」

《繼承之戰》對現實的指涉還有一點別具意義，就是家族企業在現今社會愈來愈重要。的確，「富不過三代」的觀念已經過時，也不符合現實。剛剛相反，社會學家經常發現「富者續富，貧者續貧」。這個現象也許是社會的「代際流動」持續下降的部分原因。

代際流動，又稱異代流動，指一個家庭成員在社會階層與父母所屬社會階層之間的社會流動差異。然而家族財富的永續循環並非必然，跟家族辦公室擔當的角色有關。家族企業以「家族辦公室」作為家族傳承方式的風氣如今大盛。著名的例子是微軟創辦人蓋茨 (Bill Gates) 和谷歌創辦人布林 (Sergey Brin)。這不難理解。在數碼年代，企業家和發明家以驚人、難以想像的速度累積巨大財富。這些財富和在其基礎上建立起來的跨國企業如何代代相傳，是一個價值連城的問題。家族辦公室的任務，是將「家族」和「企業」兩個部分有機地連結起來，以達到「永續經營」的最終目標。這涉及如何讓家族企業從家族面向轉化成企業家族，以及在轉化過程中將家族「機構化」。家族辦公室負責招攬人才、理順家族與企業的治理關係、財富管理以至公益慈善。

在西方，特別是富裕的歐美國家，家族辦公室在百年家族企業的傳承過程中擔當重要角色，確保所謂「Old Money」（指王室、貴族或名門世家遺留下來的財富）的影響力歷久不衰。最著名的例子是傳承至今已第七代的洛克斐勒家族（Rockefeller Family）。洛克斐勒家族的資產和利益涵蓋工業、政治、石油業和銀行業。早在 1882 年，它的第一代創辦人約翰・洛克菲勒（John Rockefeller）就成立了全球第一個家族辦公室，在專業經理人協助下，將旗下所有資產集中管理。其後，洛克菲勒辦公室變身成為一家非常成功的投資顧問公司，在美國證券交易委員會注冊。這家公司從單一家族辦公室（Single Family Office ， SFO），慢慢「進化」成多家族辦公室（Multi-family Office），為客戶提供金融投資、財富管理顧問、稅務規劃、慈善捐贈、信託、財務分析及保險等一系列服務。另一家已傳承 350 餘年的是德國的默克集團（Merck），其家族辦公室的功能完備。從家族憲法、家族委員會和家族董事會，到家族教育、家族公益和家族資產管理，一應俱全。到今天，默克集團仍然是全球領先的生命科學及創新型製藥公司，它的家族辦公室功不可沒。

2021 年，在全球的巨額交易中，百分之十有家族辦公室的參與。隨着家族辦公室的發展，未來世界金融經濟都會被它們所帶動和引領。不同的金融中心都想方設法拉攏家族辦公室到它們那裏成立。健全的法律系統，穩健的金融體系及充裕的人才將會是吸引這些機構的重要元素。各大城市的家族辦公室爭奪戰，其激烈的程度將不亞於家族內部的競爭。

囹圄經濟學

2008 年上映了一套名為《殺戮時速》(Death Race) 的動作科幻電影，故事設定在未來的美國，經濟崩潰導致犯罪率上升，美國政府將監獄營運工作外判，獄方有權透過囚犯賺錢，包括迫使囚犯參加生死賽車比賽，並直播賽事謀利。主角詹森是一名前賽車手，他被獄方誣陷入獄，被迫參加比賽，以換取自由。雖然這是套科幻電影，實際上它卻是現代美國的殘酷寫照。

美國監獄體系長久以來一直受到全球關注，不僅因其擁有世界上最多的囚犯，更因為其獨特的營運模式。令人驚訝的是，美國的監獄不僅是一個司法機構，還是一個龐大的商業機構。近幾十年來，私人監獄和監獄相關產業的蓬勃發展，讓監獄變成了一個賺取巨額利潤的生意。根據世界銀行數據，2019 年美國每 10 萬人中有 655 人為囚犯，這比率約為中國的六倍，理所當然居全球之冠。它同時也是全球監禁人口最多的國家，約有大約 240 萬人被監禁。這一高囚禁率與私人監獄的興起息息相關，因為私人監獄通過合同協議從政府獲得經費，這使得他們有經濟動機去維持和增加囚犯數量。

美國監獄商業化始於上世紀後期，自 1980 年代開始，美國政府發起了嚴厲的毒品戰爭，加強打擊毒品犯罪這一政策導致大量非暴力毒品犯罪者被起訴，使得監禁人數大幅增加。由於大量毒品犯罪者入獄，監獄需求大幅上升，美國政府決定外判監獄營運工作，是為美國監獄商業化之始。根據2019年的數據，美國約有8%的囚犯被囚禁於私人營運的監獄設施。這一舉措的背後動機之一，是希望通過引入市場競爭來降低運營成本。然而，事實證明，這一政策並未達到降低成本的目標。根據報道，私人監獄的成本並不比公立監獄低，而企業往往通過降低囚犯待遇來實現盈利，這種做法引發了許多關於倫理道德的爭議。

美國監獄產業規模龐大，據報道，私人監獄公司的年度收入超過40億美元。這些公司通過各種方式賺取利潤，包括提供囚犯通訊服務、餐飲供應、衛生用品以及勞動力等。監獄還成為許多公司的一個廉價勞動力來源——一些企業，包括我們熟悉的IBM、Boeing、Motorola、Microsoft，都有利用囚犯勞動來降低成本，從而提高盈利。

同時私人監獄若能維持一定囚犯數量，更能獲得稅務減免。這是因為政府相信，這代表社會上有更少罪犯。這導致私人監獄公司有強烈的經濟動機來增加囚犯數量，因為更多的囚犯意味着更多的合同收入。私人監獄行業對於立法和政策制定有相當大的影響力，這些企業積極遊説政府制定嚴厲的刑事法律，並設立最低囚禁期，以維持和增加囚犯數量，從而保護其利益。其中一例，便是私人監獄積極遊説政府，對毒品犯罪進行更嚴厲的監禁式處罰。這種商業模式引發了倫理爭議，因為它鼓勵對非暴力犯罪進行過度刑事化。這種現象被稱為「監禁產業複合體」(Prison-industrial Complex)，意指私人監獄和相關產業與政府形成了一種共生關係。而且私人監獄的經營模式很可能削弱囚犯的權利，因為這些公司往往追求利潤最大化，而非提供最佳的監獄服務。

是甚麼導致美國這種獨特的監獄營運手法呢？現時學者仍眾説紛紜。耶魯大學法學教授詹姆斯惠特曼 (James Whitman) 認為，這與美國的民主制度發展有關。他認為，歐洲社會透過「升級」來實現民主化，即所有人享有前現代時期貴族階層獨享的權利。美國的平等主義卻是一種降級的平均主義，它實際上宣告不再有貴族，因為「我們都站在社會最低層」。這可以解釋為甚麼歐洲法律認為囚犯被剝奪了自由，但沒有被剝奪平等和博愛；而美國的囚犯則近乎喪失任何權利。某程度而言，他們的待遇與舊制度下的人並無二至。這與歐洲的懲教制度形成鮮明對比，例如在德國，工作的囚犯享有社會權利和帶薪休假。

近年來，隨着社會對私人監獄的抗議聲浪增大，部分州分已經開始取消與私人監獄公司的合約。聯邦政府也在逐漸減少與私人監獄的合作。隨着對監獄商業化的批評聲浪不斷加大，越來越多的人開始呼籲對監獄體系進行改革。一些人認為，應該重新審視監禁政策，尤其是對於非暴力犯罪，應採用更生而非懲罰監禁的懲教方式。另一些人則主張應該加強對私人監獄的監管，以確保囚犯的權益不被侵犯。然而，監獄作為一項生意，依然是美國經濟中重要的一部分。私人監獄行業仍然在積極遊説政府，試圖保持其在監獄系統中的地位。

虛幻的道德 實際的利益

2024 年 8 月，因應移民政策問題，英國多處城市爆發示威和騷亂。事緣同年 7 月 29 日南港（Southport）發生青少年持刀襲擊女童事件，導致 3 名兒童死亡。事發不久，網上開始散播謠言，聲稱兇徒為一名穆斯林非法移民，繼而觸發全國反移民騷亂。另一方面，英國首相施紀賢（Rodney Starmer）迅速將示威者定性為極右分子，令反種族主義者也走上街頭聲援移民。結果，一單不幸的襲擊事件迅速變成意識形態之戰。但當英國人為捍衛自己的想法走上街頭時，部分英國商人及企業則悄悄因移民問題而大肆斂財。例如，今年首次登上《星期日泰晤士報》富豪榜的 Graham King，便是靠着為內政部提供難民庇護住宿服務而致富。根據估計，其財富高達 7.5 億英鎊；當中部分就是來自納税人資助的政府合同。

根據英國法例，由於移民不能工作謀生，故只能待在政府的庇護中心等待居留審批。King 的公司自 2000 起便開始發展庇護住宿業務。現時，其公司每天從政府賺取 350 萬英鎊的收入。然而，其公司營運的庇護中心長期以來都被指控居住環境劣質和不安全。根據《衛報》2019 年的報道，數百名尋求庇護者被擠進該公司充斥着蟑螂和老鼠的庇護中心；

有律師甚至表示，這些條件可能違反了環境衛生以及關於過度擁擠的法例。兩年後，《衛報》的後續報道揭露，該公司管理的庇護中心的環境不單沒有改善，反倒每況愈下。入住者被迫住在狹小的房間，與黴菌、老鼠和蟑螂共度日子，不少電器損壞，電力和熱水供應也不穩定，此外牆壁和天花板亦出現滲漏。而另一個位於肯特郡前軍營、由該公司營運的庇護中心，其惡劣程度甚至曾被告上法庭。高等法院在 2021 年發現該庇護中心存在火災和新冠病毒傳播風險，並認為內政部在處理該問題上並未完全遵守相關法律。話雖如此，肯特郡軍營庇護中心並沒有被關閉。2022 年 3 月的重新檢查發現其住宿環境有所改進，但仍屬「條件不佳」。

與很多社會問題一樣，難民庇護中心與外判制度有關。在 2012 年之前，這些庇護中心由地方政府和住房協會管理。但時任內政部長、後來的英國首相文翠珊（Theresa Mary）卻決定將之外判，並交由五間私人公司承包。由政府管理的庇護中心的居住環境並非毫無問題，但外判私營的中心顯然更差。有論者甚至認為，文翠珊有意為難民提供一個「充滿敵意」的生活環境，以減少難民湧入。

自庇護中心私有化以來的 12 年間，英國國會、國家審計署和非政府組織已經對庇護中心的失誤進行了多次審查報告。這些研究都發現，庇護中心的生活環境不單強差人意，不少計劃更出現延誤和成本飆升的問題。這顯然是監管不足所致。私營承包商不需對地方政府負責，而管理的內政部則缺乏透明度，對投訴的反應非常遲緩。結果，這些公司甚少被追究責任，亦很少被罰款、幾乎從未被終止合約。反之，為數不多的幾間承辦商反覆獲得內政部的大額合同。以 King 的公司為例，其目前的合同將持續到 2029 年。

庇護中心環境惡劣，顯然和政府合同資金不足無關。因為這些營運商的利潤正在節節攀升。例如，King 公司的利潤從 2020 年的不到 80 萬英鎊，飆升至 2022 年的 2800 萬英鎊，至 2023 年更達 6250 萬英鎊。更諷刺的是，據英國報章報道，連續 11 年被網站投票評選為英國最差的連鎖酒店之一的 Britannia Hotels 集團，竟透過營運難民庇護中心翻身。Britannia Hotels 在英國擁有超過 60 家酒店，並在 2023 年獲得了「極差」的整體意度評分。然而，根據該公司 2023 年 3 月的年度報表，其稅前利潤達到 3930 萬英鎊，比 2022 年創下的最高利潤 3330 萬英鎊增長了 18%；而在 2002—2003 年和 2013—2014 年間，該公司平均稅前利潤只有 190 萬英鎊。這都要歸功於難民庇護中心業務。根據報道，Britannia Hotels 共有 17 家酒店被政府包租。當然，網民的眼睛是雪亮的，這些酒店改建的庇護中心環境絲毫沒有令人失望。兩名曾在該公司旗下在曼徹斯特的酒店居住數月的難民，在受訪時便描述房間非常骯髒、生活條件惡劣，而且常受到騷擾。

在英國，難民庇護中心業務已被視為一項新的投資業務。一個物業投資顧問網站，便刊出了一篇文章，詳細分析難民庇護中心業務投資的風險與回報。該文指出，這項投資不單確保穩定的租金收入，有時更可獲得政府及其合作夥伴的補貼，並可以和政府及非政府組織打好關係。何況，這些項目可以幫助前來尋求庇護的難民，為支持人道主義出一分力；同時提升聲譽和品牌形象，做到利己利人，何樂而不為？移民問題一直纏繞着英國以至西方社會，導致近年政治光譜更為極端化。不少國民都被迫捲進紛亂的政治討論之中。正當普通有理想的民眾為着虛無的意識形態爭得面紅耳赤時，一批聰明的商人卻正在悶聲發大財。正如19世紀兩度拜相的英國政治家巴麥尊（Lord Palmerston）的名言云：「我們沒有永恆的朋友，亦無永久的敵人。唯一永恆和永久的，是我們的利益。」（We have no eternal allies, and we have no perpetual enemies. Our interests are eternal and perpetual）同樣地，今天的英國也沒有永恆的對錯，只有留給少部分人永久的利益。

窮苦學生的無間地獄

美國的高等教育聞名於世，不少香港的家長都渴望將孩子送到哈佛、耶魯、史丹福或麻省理工等世界頂尖學府。一直以來，人們都相信良好的專上教育是美國成功的要素。然而，近年來美國大學學費暴漲，這一代美國的大學生在畢業以後，拿到的只是一張畢業證書，以及幾百萬的學債。 在今天，學債問題已成為美國社會的一個嚴重問題。不單令廣大學子苦不堪言，更助長社會及種族不平等，並加深貧富懸殊。

根據 CNN報道，1991 年到 2021 年之間，公立大學的學費平均上漲了 211%，私立大學的學費則上漲了 144%，其增長速度遠超同期消費者價格指數的增長。2024 年度哈佛大學本科生的一年學費為 56550 美元，加上食宿保險等雜費，一年費用超過 8 萬美元。加州大學洛杉磯分分校的學費加雜費則為 42127 美元，非加州公民則是 76732 美元。學費上漲的主要原因之一是對高等教育需求的增加。隨着越來越多的職業需要大學學位，其學費也隨之水漲船高。此外，由於州政府資金減少，許多公立大學不得不提高學費來彌補資金不足。教職員與日俱增的薪酬和福利開支，以及不斷上升的行政支出也是推動學費上漲的重要因素。這些急增的成本最終轉嫁到了學生身上，導致學費不斷攀升。但是，同期內美國家庭收入的增長速度則非常緩慢。根據經濟政策研究所(Economic Policy Institute)的數據，從 2000 年到 2016 年，美國家庭收入的中位數僅增長了 2%。這意味着學生貸款的負擔在家庭收入中所佔的比重從 2004 年的 5% 上升至 2021 年的約 7.5%。

學生貸款問題對低收入學生的影響最為顯著。由於缺乏家庭支持和財務資源，低收入學生往往需要依賴學生貸款才能得到學位。這些學生畢業後面臨的債務負擔自比來自富裕家庭的同學沉重，但同時，他們的起薪點卻往往較低。此外，低收入學生更可能因為經濟壓力而中途輟學，據美國教育部估計，7% 的研究生借款人違約，本科生違約率則達到 22%。違約貸款學生將承受毀滅性的打擊，除了需要支付高昂的滯納金和利息，他們的信用額也會大幅下降，不再有資格獲得額外的學生援助，甚至可能面臨聯邦政府要求的工資扣押，可以說是「社會性死亡」。《衛報》進一步指出，學生貸款問題導致了更深層次的收入不平等。高昂的債務不僅阻礙了低收入畢業生積累財富的能力，還加大了他們與高收入羣體之間的財富差距。面對高昂債務，許多畢業生必須延遲買樓、儲蓄退休金和進行其他投資，這些都是財富累積的關鍵途徑。更嚴重者，學生貸款問題還影響了低收入家庭子女的教育機會，父母的債務負擔很可能令他們無法為子女提供良好教育，結果造成惡性循環，並導致跨代貧窮。

這其中，非裔美國人在學生貸款問題上受到的影響又是特別嚴重。統計顯示，非裔學生平均負債達到 5.2 萬美元，為所有種族中最高的。白人學生的平均學生貸款債務為 3 萬美元，而亞裔學生的平均負債略低，為 2.5 萬美元。這自然是因為很多非裔學生都來自低收入家庭，多份研究指出，非裔家庭的財富中位數僅為白人家庭的十分之一。高額學債不僅限制了非裔美國人的消費和投資能力，他們在入學時也更依賴學生貸款來支付學費和其他教育相關開銷。結果，非裔美國學生平均每月需要償還 390 美元，折合港幣約 3000 元。更甚者，非裔畢業生在勞動市場上常常面臨薪資歧視，在擁有相同學歷和資格的情況下，他們的起薪往往低於白人同事。根據經濟政策研究所（Economic Policy Institute, EPI）一項研究報告指出，即便在擁有相同教育背景和資質的情況下，2020 年非裔美國男性的平均工資仍比白人男性低 15%，非裔美國女性的工資則比白人女性低 14%。結果，種種因素都在推動着跨代的種族不公。

美國的學債問題，無疑是現今美國社會諷刺的縮影。在名牌大學亮麗的招牌之下，多少美國的年輕人卻在苟且求存。隋唐以來的科舉制度，一直被歷史學家視為中原皇朝成功的一個重要因素。這制度有效打破了門閥世家對政治的壟斷，加強社會的流動性，招攬、善用各地的人才，為國家注入活力。同樣，美國優秀的高等教育，一直是其得以強大的重要原因。例如，近幾十年來雄霸全球的美國資訊科技業，便是由一批批美國頂尖大學的畢業生努力建立的。然而，隨着資本主義滲透學院，學費越堆越高，大學漸漸失去了加強社會流動性的作用；結果，貧人越貧、富者越富，越來越少窮苦學生或少數族裔能夠透過努力讀書出人頭地，社會也浪費了大批優秀的人才。天真想透過努力讀書來出人頭地的窮苦學生，有沒有問過教育和金融大佬們，能否動一動惻隱之心呢？

露宿者的白日之下

「怯者憤怒，卻抽刃向更弱者」，欺凌弱者的人往往為社會所不恥。然而，更可惡、也更可怕的，是那些戴着善長面具、卻從弱者身上取利之輩。近年，美國媒體發現，一些牟利和非牟利機構以援助無家可歸者為名，從政府獲得巨額資助，卻惡待向他們求助的無家者，從中牟取暴利。比起直接欺凌露宿者，此輩的行為更令人發指。

露宿者是美國社會一大問題，不少人視之為極端資本主義的陰暗面。他們認為，這是資本主義社會的必然產物，是社會不公的體現。然而，鮮為人知的是，美國地方政府其實每年投入大量資源幫助露宿者，但部分金錢卻落到所謂「提供服務」的牟利和非牟利機構手上，結果露宿者者應得的資助，盡數落入這些吸血鬼口袋中。根據統計，2023 年 1 月美國共有超過 65 萬人無家可歸，佔全國人口約 0.2%。這驚人數字，足以證明露宿者問題的嚴重性。加州的露宿者人數最多，達到 18 萬 1399 人，其次則是紐約，共約 10 萬 3200 人。這兩個州的露宿者人數加起來，佔全美露宿者人數近半。這些露宿者大多集中在城市，以公園、地鐵站等為家，生活在水深火熱之中。尤其是嚴寒中的北美，久不久便有「路有凍死骨」的新聞，叫人淒然。此外，露宿者問題往往伴隨毒品、罪案等其他社會問題。這些問題相互交織，形成惡性循環，使露宿者問題更加難以解決。為此，紐約市政府每年撥出鉅額款項，為露宿者提供庇護宿舍，幫助他們得以重投社會。單是 2023 年，紐約市政府的預算便達到 35 億美元。然而多家傳媒都報道，這些撥款的收效成疑。

問題的癥結在於外判承包制度。現時紐約市政府委託約 70 家牟利及非牟利組織為露宿者提供臨時宿舍及飲食等服務。部分機構以提供服務為名，實則從中獲取暴利。一個宿舍房間每月可獲 4000 美元津貼，換算約為 3.1 萬港元，這價格就算在地價高昂的香港，也可租得不錯的單位了。因此，一些商人看準背後可圖之利，開設多家分公司，包攬提供宿舍、膳食、保安等各項服務。據報，一些服務提供者的年利潤高達一百萬美元。

受人錢財，若提供相應的服務，賺取利潤也是無可厚非。然而，《紐約時報》記者發現，當中一些臨時宿舍環境惡劣，不少住客因為霉菌和潮濕而出現咳嗽和呼吸問題。伙食衛生質素同樣令人擔心，部分住客投訴經常受腹瀉和胃痛之苦。更甚者，部分宿舍員工並沒有相應專業資格提供服務，一些管理員則對住客吸毒、毆鬥等行為視若無睹。換言之，這些宿舍並沒有為露宿者提供一個安枕之所，讓他們重整人生方向，重投社會。更叫人驚訝的是，紐約市政府並非對問題懵然不知。根據《紐約時報》的調查，營運宿舍的62個團體中，有9個因利益衝突和財務問題被市政府列於觀察名單上。但同時，市政府卻又繼續撥出大量款項予他們，而且官員們往往不願意仔細審查這些機構的財務狀況。更有非牟利組織的主管被指控性侵犯和騷擾住客，卻仍獲續約。紐約市政府的行徑，無異鼓勵不法商人繼續藉露宿者之苦牟取暴利。

但這問題並不是單純用官僚貪污便可簡單概括，市政府自己也是有苦說不出。為露宿者提供服務的機構本就不多，若收緊審查、嚴懲無良商人，收窄背後可圖之利，那他們又要去哪再找「善心人」承包這些項目？有評論認為，加強問責制度是制衡背後利益輸送的方法，確保納稅人的血汗錢用得其所。但問題真的這麼簡單？交由這些牟利及非牟利機構為露宿者提供住宿，本就是一件頗為矛盾的事。若這些組織團體本就是賴露宿者而生，那幫助露宿者離開街道、重投社會，不就等於「斷自己米路」？這樣看來，紐約市的無家者住屋計劃，以及其外判模式，本就存在巨大結構性矛盾，而加強問責制看來並不能降決當中的矛盾。但這也並不代表停止外判承包，交由市政府官員負責安置無家者，問題便能迎刃而解。要知道，當年是因為公營機構往往欠缺效率，被市民批評浪費公幣，才引入外判承包制度。現在重回舊路，難道又可解決問題？

問題的癥結，是人類社會的制度，總是敵不過人性的貪婪。人們大聲疾呼，要改變現有制度，嚴懲貪婪作惡之人。但往往，最可惡之人，正躲在行善的面具之下，剝削那些最需要幫助的人。當權立法者，可有智慧找出這些惡徒，並有勇氣將其繩之於法？

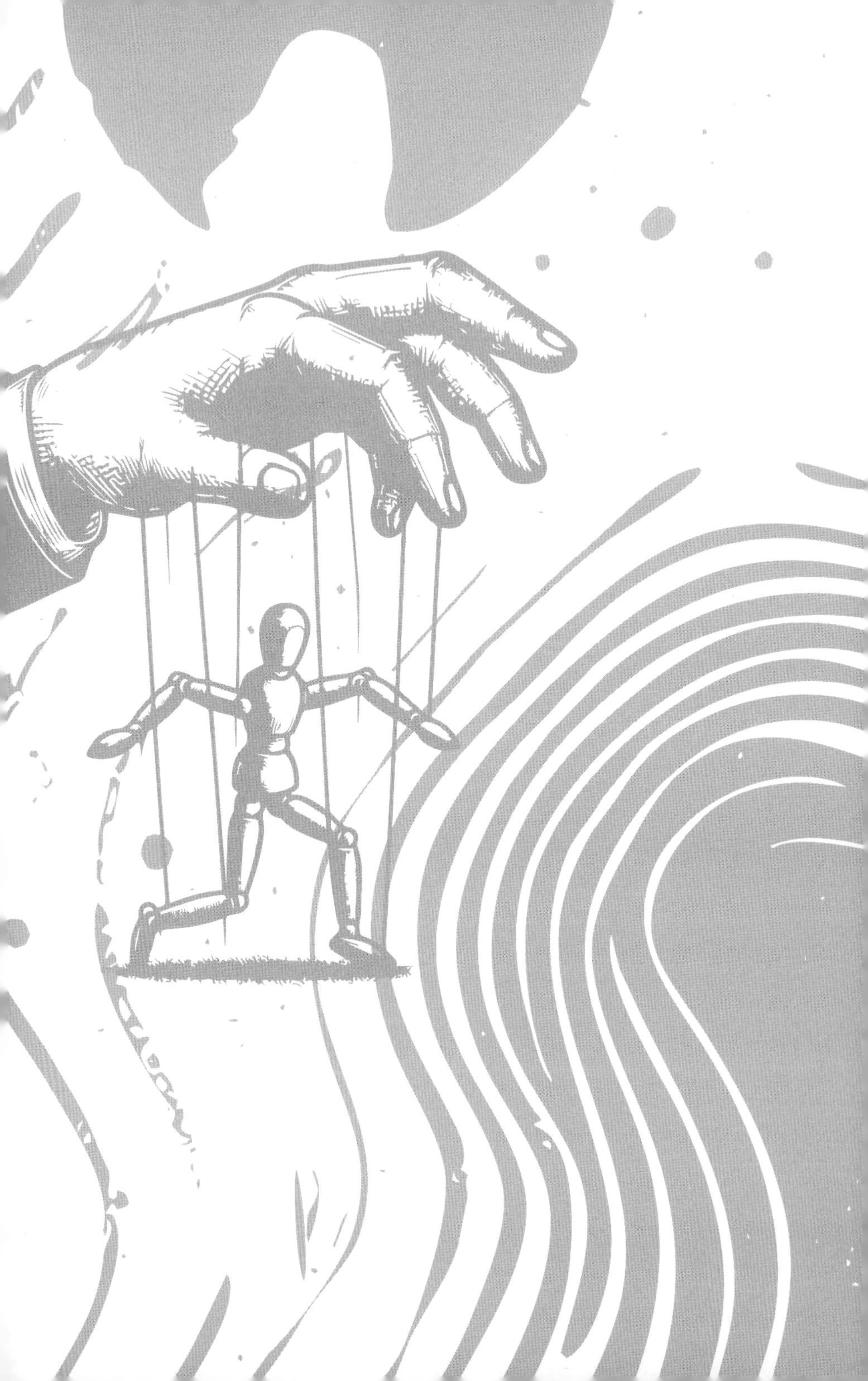

第四章

世界警察

章前導言 ★★★★★★★★★★★★★★

西方國家長期以「維護秩序」與「促進文明」為名，對全球進行經濟與政治支配。19世紀至20世紀中葉，歐洲列強透過軍事征服、經濟剝削與文化滲透，構建全球殖民體系，將廣大地區變為其資源供應地與商品市場。即便在二戰後，殖民主義表面上解體，但其內在機制仍以更隱蔽的方式持續運行，透過新殖民主義讓西方國家繼續主導世界秩序。

殖民主義時代，西方列強透過暴力與掠奪，將全球經濟納入自己的剝削體系。英國在印度強行推行單向貿易，摧毀當地工業，確保印度成為英國的原料供應地與商品市場；比利時則在剛果實施殘酷的殖民統治，以強迫勞動換取橡膠與礦產，造成數百萬人死亡。此外，殖民不僅是經濟剝削，更是文化掠奪——英法聯軍焚毀圓明園，將大量文物流失至歐洲；英國劫走希臘巴特農神廟雕塑，至今仍以「保護文物」為由拒絕歸還。這些行為不僅削弱了殖民地國家的資源，也剝奪了其文化與歷史象徵，進一步確立西方的文明優越敘事。

二戰後的殖民地獨立浪潮並未真正終結這種全球權力結構，透過經濟與金融機制，西方持續掌控發展中國家的發展路線。國際貨幣基金組織（IMF）與世界銀行以貸款為手段，要求發展中國家進行經濟改革，如市場自由化、削減政府補貼與開放國內市場，導致這些國家陷入長期債務困境，經濟體系高度依賴西方資本。與此同時，跨國企業透過低薪勞動力與資源剝削，壓制當地產業發展，使發展中國家無法擺脫經濟依附地位。這些經濟政策讓前殖民地國家名義上獨立，實際上仍受制於西方主導的全球資本主義體系。

當經濟操控不足以維持秩序時，西方國家則透過軍事與政治干預，確保其全球霸權不受挑戰。美國與北約頻繁以「維護和平」與「民主價值」為由，干涉發展中國家的內政與軍事事務。冷戰期間，美國在拉美支持多起軍事政變，確保親美政權上台；21 世紀，美國則以反恐為名發動伊拉克與阿富汗戰爭，確保美軍的全球戰略地位與軍工企業的利益。這些軍事行動的真正目的，並非促進世界和平，而是維護美國在國際政治與經濟秩序中的支配地位。

隨着新興國家的崛起，西方單極世界的格局正在受到挑戰，但全球剝削機制仍未真正瓦解。中國、俄羅斯、印度等國正試圖建立多極世界，但西方透過媒體話語權、金融體系與軍事聯盟，仍然試圖維持其全球主導地位。真正的問題在於，這場權力重組是否能改變全球剝削體系，還是只是讓新玩家進入舊遊戲？當西方繼續以「世界警察」自居，而新興勢力試圖挑戰舊秩序，世界將迎來真正的轉變，還是只是另一種形式的權力更替？這場博弈仍在進行，而歷史，正在見證答案的形成。

近代最重要的「中國通」

由參議院多數黨領袖舒默（Charles Schumer）率領的美國國會議員代表團訪問中國。舒默既非中國通，也不是「知華派」，但正因如此，能夠親身踏足中國領土了解中國國情，對他以至整個美國國會十分重要。說到中國通和知華派，很多人想到百歲傳奇外交家基辛格（Henry Kissinger）。基辛格是新中國成立以來首位訪華的美國特使，也是訪問中國次數最多的美國政界人士。然而在中國近代史上，被稱為「中國最重要的西人」的卻是另有其人。

此人名為羅伯特・赫德（Robert Hart），1835 年生於北愛爾蘭城鎮波特唐（Portadown），其後就讀貝爾法斯特大學（Queen's University Belfast）。年僅 19 歲就受聘於大英駐華使團，踏足當時被英國統治的香港，然後輾轉派駐寧波及廣州。後來因緣際會，改為服務中國政府，官拜大清皇家海關總稅務司，在任 47 年之久。在此期間，他成為推動中國現代化的一股力量，協助籌辦郵政體系、建設導航燈塔、組織北洋水師和建設氣象站。赫德在中國的際遇，對要了解今日中國的西方人有何啟示？滿清的積弱與今日中國的富強相距不可以道里計，但有些中國人的原則始終如一。中國人的用人之道是「用人不疑，疑人不用」。很多對中國一知半解的人以為中國是個任人唯親的關係社會，其實中國人重視的不是裙帶關係，而是信任。「疑人」就是得不到信任或不值得信任的人，這樣的人能力再高，也無法委以重任。反之對得到信任和值得信任的人，應該全力支持，好讓他能夠有所作為。

赫德的成功，跟他能夠取得「貴人相助」大有關係。赫德當時只是英國駐廣州領事阿禮國（John Rutherford Alcock）的翻譯官，對海關事務可說是一竅不通。但是兩廣總督勞崇光眼光獨到，破格邀請赫德在廣東設立類似上海江海關的新式海關機構。又如熱愛西方文化、喜歡食雪茄和飲威士忌，有「鬼子六」之稱的恭親王奕訢，他視赫德為「自己人」，與他合作無間。不但接納他的建議，命處理外交事務的總理衙門購買阿思本艦隊，以及成立中國第一所新式學校京師同文館（北京大學前身）；並視他為「可以信賴的顧問」，讓他在幕後進行「業餘外交」，在與外國商討的過程中為清朝爭取利益。

這一切的基礎是信任。赫德是「老外」，但他對中國的熱愛是真誠的。如果所謂「親華派」或「中國通」（Sinophile）是指對中華文化或中國人表現出強烈興趣或感情的人，赫德便是不折不扣的親華派和中國通。他通曉中文，熟讀《易經》《孟子》《詩經》《大學》和《中庸》；對《三國演義》和《紅樓夢》同樣愛不釋手。他還娶了一個中國姑娘，與她育有三個孩子。後來赫德為個人前途主動結束這段關係，但無法割斷他與中國命運一種感情上的紐帶。

試比較赫德與另一個在中國官場打拼的洋人李泰國（Horatio Nelson Lay）。李泰國在 1855 年至 1863 年間任清朝政府首任海關總稅務司，但最終被免職，因為他傲慢且難以共事，因此不獲信任。當然，清廷重用赫德，也是因為他能幹。赫德掌管海關四十七年，為清廷帶來巨大的財富。1861 年，清廷的稅收只有若五百萬兩銀子。兩年後赫德出任總稅務司，到 1887 年，稅收大幅增至二千萬兩。到 20 世紀初，大清每年稅收更高達三千萬兩銀子，佔大清總收入的四分一。這對於當時處境困難、內外交困的滿清政府至為重要。赫德為海關帶來標準化的程序和流水作業式的效率。更重要的是，他用人唯才，高薪養廉，使他領導下的海關成為名副其實的英才機構（meritocracy）。此外，他增設海口和河口海關，變相增加稅收。

前文提到「用人不疑，疑人不用」，清廷因地制宜，將這套用人原則略加調整，變成「以夷制夷」。對被所謂「西方列強」逼到喘不過氣的滿清，以夷制夷既是兵行險著，也是因勢利導。這其實也是傳統智慧，民間早有在盂蘭勝會，打扮成兇惡的鬼王以震懾小鬼的傳統。

1992 年當時已經 87 歲的中國領導人鄧小平南巡，目的為改革開放進一步清除障礙。他說，不管黑貓白貓，會捉老鼠就是好貓。意思是計劃經濟也好，市場經濟也罷，都只是配置資源的手段，與政治制度無關。資本主義可以有計劃，社會主義也可以有市場。這就是中國人的務實思想和實用主義，赫德既是好貓，自然得到重用。

日不落的採「茶」賊

「凡採茶在二月、三月、四月之間。

茶之笋者生爛石沃土，長四五寸，若薇蕨始抽，凌露采焉。

出膏者光，含膏者皺；宿製者則黑，日成者則黃；

蒸壓則平正，縱之則坳垤，此茶與草木葉一也。

茶之否臧，存於口訣。」

陸羽《茶經》〈三之造〉選節

茶，二千年來都是中國的物質文化瑰寶。歷朝歷代，茶農一直都在努力守護前人所留下來的製茶秘密，不容外傳。正因此，直到 19 世紀中葉，中國仍然壟斷世界茶業供應。但為甚麼到了今天，卻會有大吉嶺、伯爵茶等英式紅茶；而英國又如何成為一個以喝茶文化自居的民族呢？要了解個中原因，就必須認識蘇格蘭植物學家羅伯特・福鈞（Robert Fortune）的傳奇故事。英國作家 Sarah Rose 在其所著 *For All the Tea in China: How England Stole the World's Favorite Drink and Changed History* 一書中，稱福鈞為一個植物學家、園藝學家、竊賊和間諜（a plant hunter, a gardener, a thief, a spy）。這位蘇格蘭人受英國東印度公司委託，兩度到中國竊取茶葉和製茶技術，最終打破了世界的茶葉貿易格局，也改變了世界歷史的軌跡。

福鈞生於蘇格蘭一個工人家庭，自少對植物學有濃厚興趣，後成為植物學家並為皇家園藝學會（The Royal Horticultural Society）工作。《南京條約》簽訂後，福鈞在 1843 年被派往中國進行植物學研究。在這次考察中，福鈞發現綠茶和紅茶都來自同一種植物——茶樹（Camellia Sinensis），只是製作過程不同。他的發現吸引了東印度公司的注意。

1848 年，東印度公司以優厚福利聘請福鈞成為茶葉界的商業間諜，福鈞不單獲得每年 500 英鎊的薪水，若發現新植物物種更可獲其商業專利權。福鈞因此踏上了他的第二次中國探險之旅。他從上海出發，經杭州到達浙江、福建和安徽的綠茶產區。福鈞是天生的間諜人才，他學會基本中文，穿着中國傳統服裝、戴上假辮，帶着兩個中國僕人，偽裝成關外的商人或貴族。這使得他能夠在不引起懷疑的情況下進行觀察和記錄。福鈞還與當地的商人和農民建立了聯繫，並招募和培訓中國茶農，這些茶農後來成為建立印度茶葉種植園的關鍵人物。

在考察期間，福鈞了解到製作綠茶需要將茶葉在陽光下暴曬一到兩小時，然後在巨大的鐵鍋中翻炒，使其變得柔軟，之後再將茶葉壓在竹製滾筒上滾動，以釋放其精油。紅茶的製作過程則包括發酵，使茶葉在陽光下暴露更長時間，從而產生較強的苦味和深色。福鈞還發現中國茶廠在製作綠茶時使用了普魯士藍（Prussian Blue）和石膏，這些化學物質會使茶葉顏色更加鮮綠。然而，這些化學物質對人體有害，特別是長期攝入可能導致中毒。福鈞將這些發現記錄下來，並在 1851 年倫敦大展覽中展示，揭露了中國茶葉製作過程中的潛在危險。

最終在這次旅程中，福鈞共收集到 13000 株植物和 10000 顆種子。他在 1849 年 1 月返回上海，經香港和加爾各答將「戰利品」運送到印度。然而，運輸過程中大部分種子和植物因操作不當而損壞。但福鈞沒有氣餒，反而再接再厲，並着手研究更安全的運輸方法。他最終採用了由英國醫生和植物學家納撒尼爾・巴格肖・沃德（Nathaniel Bagshaw Ward）發明的沃德箱（Wardian case）。這是一種密閉的玻璃容器，內部環境穩定，可以保護植物免受海水和鹽霧的侵害。這種創新方法大大提高了植物的存活率，福鈞終於成功地將大量茶樹種子和幼苗安全運送到印度。1851 年，福鈞離開上海，帶着一支中國茶農隊伍前往印度，開展東印度公司在當地的茶業帝國。往後，福鈞又造訪台灣和日本，將日本養蠶及種稻的描述帶回歐洲，並引進多種東亞樹木花卉到西方世界。

福鈞的成功，卻是中國茶業惡夢的開始。自 1850 年代起，英國開始大量從印度和錫蘭進口茶葉。美國、荷蘭等其他國家也開始自行種植茶葉，使中國的茶葉出口急劇下降。1850 年代，中國每年出口約 1.9 萬噸茶葉；到 1886 年，儘管中國的茶葉總產量增至 25 萬噸，出口量卻僅增至 13.4 萬噸，茶葉出口值也從佔中國總出口值的 20% 下降到不到 5%。這是因為至 19 世紀末，印度和錫蘭的茶葉產量已達到中國的三倍以上。至 1949 年，中國的茶葉產量降至 4.1 萬噸，其中出口量僅 0.9 萬噸。兩千年來的茶葉帝國，在短短數年間迅速瓦解。

福鈞的一生，只是漫長的 19 世紀中的一個小插曲；然而這段插曲，卻改寫了全球商貿格局。在西方世界，福鈞仍被視為一位受人尊敬的植物學家，將遠東的植物知識帶回西方。福鈞大概從未想過自己是竊賊、是間諜，他很可能相信茶葉本就是自然賜予人們的禮物，中國人沒有資格壟斷茶葉和製茶技術。然而，東印度公司 1848 年為甚麼會給予他這個任務？答案相信大家也心知肚明。美國著名銀行大盜 Willie Sutton 被問及為何打劫銀行時，他也只是冷冷說了一句：「皆因錢在那裏。」

伊利近 搶得遠

《莊子‧胠篋》有云：「彼竊鈎者誅，竊國者為諸侯。」意指偷竊帶鈎這種小東西的人遭受刑戮，偷竊國家權柄的大盜卻被封為諸侯，用以諷刺當時以下犯上的士大夫。然而，大英帝國卻真的曾有一對侯爵父子，以充當國際級的國寶大盜聞名。

1801 年，第七代伊利近伯爵湯馬士‧布魯士（Thomas Bruce, 7th Earl of Elgin；又譯額爾金伯爵），向當時統治者希臘的鄂圖曼帝國高門提出要求，希望把位於古希臘巴特農神廟（Parthenon）和雅典衛城的大理石雕拆卸，並運回英國。伊利近伯爵聲稱，神廟的狀況相當糟糕，很多大理石雕被當地人拿走燒成了石灰，當作建築材料。他的要求獲得鄂圖曼方面的許可，在接下來的十年間，他的工人陸續把大理石雕塑搬回英國，直至 1812 年為止。他本想用這些石雕來裝飾自己的家，不料，卻因和妻子離婚引發個人經濟危機，不得不把這些石雕賣掉還債。最終，大英博物館獲得國會支持，從伊利近伯爵手上購入石雕。直至今天，巴特農石雕仍是大英博物館的鎮店之寶。

約一個甲子以後，伊利近伯爵的繼承者、第八代伊利近伯爵占士‧布魯士（James Bruce, 8th Earl of Elgin），來到了大清帝國。在英法聯軍攻陷北京後，他作為英國談判全權代表，與恭親王奕訢談判《北京條約》。在談判過程中，因為一些摩擦，布魯士便發難並下令英軍焚毀圓明園，以給大清皇帝一個教訓。在過程之中，英法聯軍掠去園內大量古跡及藝術品，並飄洋過海把它們帶回歐洲。被英法軍隊和其後八國聯軍帶走的文物現在散佈在世界各地，據聯合國教科文組織在 2006 年估計，約有一百萬件圓明園的文物散落於世界各地的博物館，而這還未計那些私人收藏甚或已經被摧毀的文物。

圓明園文物、特別是關於十二生肖獸首的爭議，相信不少讀者也知之甚詳。法國大文豪維克多・雨果（Victor Marie Hugo）在當年一份信件中便評道：「一天，兩個強盜走進了圓明園，一個搶掠，一個放火。可以說，勝利是偷盜者的勝利，兩個勝利者一起徹底毀滅了圓明園。這兩個勝利者一個裝滿了口袋，另一個裝滿了錢櫃。然後勾肩搭背，眉開眼笑地回到了歐洲，這就是兩個強盜的故事。」雨果的言辭現在仍是不少人對火燒圓明園的評價。

占士・布魯士父親的巴特農石雕，在英國同樣引起爭議。在湯馬士・布魯士從巴特農神廟運走石雕後不久，一些英國人開始譴責他的行為。有旅行者更在原址石上刻上拉丁文：「Quod non fecerunt Goti, hoc fecerunt Scoti」，意即「哥特人沒有做的事，蘇格蘭人做了」，諷刺英人比入侵羅馬帝國的哥特人更為野蠻。但另一方面，英國國會卻在 1816 年召開聽證會，討論應否從伊利近伯爵手上購買這批文物，並將之置於大英博物館。經過辯論，國會最終裁定伯爵是以合法手段取得文物，並以 83 票讚成、20 票反對，通過向伯爵購入石雕。當時國會委任的委員會揚言：「沒有哪個國家比我們自己更適合為這些文物提供一個體面的庇護所。」

自 1835 年起，歷屆希臘政府便不斷與英方交涉，要求將石雕歸還原處。1983 年，希臘政府正式要求英國政府將雕塑歸還給希臘，並在 1984 年將此爭端列入聯合國教科文組織的爭端清單。2013 年，希臘政府要求聯合國教科文組織調解石雕的歸還問題，但英國政府和大英博物館拒絕了聯合國教科文組織的調解提議。英方就拒絕談判提出了多項理據，包括石雕為合法購入、大英博物館內的石雕狀況比留在原址的更佳、而且博物館的展示方式讓參觀者更好地理解石雕與其他主要古代文明的關聯。這些理據都尚有討論空間，但英方又進一步辯指，歸還石雕將開壞先例，令各國繼而向其他歐美博物館要回文物，最終令這些世界首屈一指的著名博物館空無一物。諷刺的是，此言辭正承認了他們博物館的所有文物均屬於其他國家。

英方的回應態度，實際上無異於當年把石雕運回英國，以及下令火燒圓明園的伊利近父子。這些文物爭端，看似是國與國之間爭競的一部分，與普羅大眾無甚關係。甚或就喜歡歷史文化之人而言，集各文物於一身的博物館也許更為方便。但其實英國的這種行為，正在塑造他們「西方中心主義」的世界觀。試想好好的巴特農神廟石雕，卻被稱為「額爾金石雕 (Elgin Marble)」；希臘文明的結晶，卻成了大英博物館的鎮店之寶，甚至被稱為「英國文化遺產的一部分」。這些說法，正正維持着西方世界作為「世界文明中心」的地位。雖然整天都掛着滿口仁義道德，但說到最後，世界格局就是拳頭決定對錯。

懂功夫的熊貓會被這樣捕殺嗎？

功夫熊貓在美國及國際大受歡迎，美國人透過熊貓對中國文化的想像程度可見一斑。但可愛和正義的功夫熊貓背後，卻始於美國人對中國熊貓冷血殺戮的歷史。

至 1920 年代中，在歐美狩獵者和收藏家的努力下，全球幾乎所有大型哺乳動物物種的標本都已被編目、標本剝制，當中不少更已陳列在博物館中。然而，江湖流傳着，在中國西部的偏遠山區，仍然有一種人們知之甚少的神秘物種。1869 年，法國傳教士兼博物學家大衛（Père Armand David）首次描述了一種體型龐大、具有獨特黑白斑紋的動物。在四川進行了一系列調查後，大衛終於從當地獵人獲得了一塊毛皮，並在分類學上將該物種歸入熊屬，將其命名為 Ursus Melanoleucus。科學家後來確定該物種不屬於熊屬，而是屬於一個完全獨立的屬——大貓熊（Ailuropoda Melanoleuca）。這個新發現令不少探險家興奮不已，紛紛走進四川尋找這隻神秘生物的蹤影，可惜的是，幾隊遠征隊都是空手而回。

1928 年，美國前總統狄奧多・羅斯福（Theodore Roosevelt）的兒子小狄奧多・羅斯福（Theodore Jr. Roosevelt）和克米特・羅斯福（Kermit Roosevelt）來到了中國西部，加入了凱利—羅斯福實地博物館考察團（Kelly-Roosevelt Field Museum Expedition）。翌年，經過幾個月的狩獵失敗後，西奧多和克米特終於射殺了一隻「漂亮的雄性老年大熊貓。」二人將毛皮送回芝加哥菲爾德博物館，期望其戰利品可以成為「地球上最具挑戰性的動物獎盃」（Challenging Animal Trophy on Earth）。

在羅斯福兄弟殺死第一隻大熊貓後七年，露絲・哈克尼斯（Ruth Harkness）從紐約出發來到中國，期望成為第一個捕獲野生大熊貓的人。露絲的丈夫比（Bill Harknes）是一位業餘收藏家。1934 年，他與友人聯手組建了一隊亞洲探險隊，希望捕獲第一隻野生大熊貓並將其帶回美國展示。可惜的是，比爾因咽喉癌於 1936 年 2 月在上海去世。露絲因此繼承夫志，踏上了尋覓大熊貓的旅途；當時同行的還有露絲僱用的、在美國出生的中國獵人楊昆廷和他的妻子蘇琳。1936 年 11 月 19 日，露絲一行人終於在四川偏遠山區捕獲了一隻大熊貓幼崽。幼崽當時被認為是雌性，故露絲替他起名蘇琳（Su-lin）。月底，露絲和幼崽蘇琳在上海一家酒店房間接待記者；接着，在朋友的幫助下，露絲僅以兩美元作賄賂，就和蘇琳登上了美輪「麥金萊總統號」返回美國。當時許多中國人從來沒有見過大熊貓，在經過海關時，露絲偽稱蘇琳是一隻形狀特殊的哈巴狗，便輕易地騙過海關人員，順利將熊貓走私出中國。露絲和蘇林在 12 月抵達舊金山，旋即捲起了美國的「熊貓」狂熱。截至 1937 年 7 月，已有超過 32 萬人參觀了芝加哥布魯克菲爾德動物園，一睹大熊貓幼崽的風采，《時代》雜誌更將蘇林評為年度動物。

幸運的是，雖然大熊貓深得美國人喜愛，卻沒有造成大型獵殺熱潮，背後原因又為何？有學者認為，這要歸功於他們魅力十足又溫柔的形象。對於獵人而言，他們追求的是獵殺兇猛獵物的刺激和榮譽；熊貓卻是溫馴又可愛。羅斯福兄弟就曾表示：「從我們所了解的情況看來，大熊貓並不是一種野蠻的動物。槍擊事件發生後，我們的克什米爾希卡里人説他是一位老爺，一位紳士，因為被擊中時他保持沉默，沒有像熊那樣叫喊。」當蘇琳來到中國後，熊貓的獨特形象更是深入美國人心。熊貓的體型、對稱和圓形的特徵以及醒目的「黑眼圈」，都對人類產生內在的吸引力。故此，它們反而成為了行銷和籌款活動的寵兒。1967 年，世界自然基金會（WWF）在選擇了大熊貓作為其標誌。至今天，世界自然基金會標誌現已被列為最具代表性的品牌之一；因此，大熊貓不再被獵殺的原因之一，也可能是因為該物種本身已成為保護的代名詞。

在露絲帶回大熊貓後不久，中國便開始禁止捕獵大熊貓，實施極其嚴格的出口許可程序，並開始將大貓熊作為中國的象徵。1941 年，宋美齡向美國贈送了兩隻大熊貓，以感謝美國在第二次中日戰爭中的援助，並為此舉行了非常盛大的交接儀式。1972 年，尼克松總統對中國進行歷史性訪問後，中國向美國贈送了兩隻大熊貓「玲玲」和「興興」。事實證明，大熊貓可愛的外貌以及和平的天性，令它們成為中國政府理想的外交象徵。除了美國外，中國也向俄羅斯、墨西哥、西班牙、法國、朝鮮和德國提供了大熊貓作為外交禮物。

與生俱來的魅力、溫柔的個性和可愛的身體特徵，使大貓熊成為地球上最容易辨認的動物之一。在今天，它們既是中國的象徵，也是環境保護的象徵。但在約一百年前，因為對大熊貓的無知和對虛榮的追求，歐美的狩獵者和收藏家卻是千方百計想要獵殺他們。

金融與地緣政治

日俄戰爭（1904—1905 年）的勝利是日本、東亞及全球歷史的轉捩點；是近代史上第一次歐洲強權被亞洲國家擊敗，象徵着白人至上觀念的結束。對日本而言，她「實現了明治的夢想」及證明了日本現代化的成功。《紐約時報》報道稱，這場勝利確保了日本的未來和平與安全，並開啟了「日本無限的工業增長和國家發展機遇。」與中日戰爭不同，這次的勝利使日本成為東亞其他帝國主義強國的平等夥伴。許多學者都認為，日本的勝利是日本帝國主義的起點。然而，日本的成功背後，卻有着一個少為人知的神秘身影——銀行家雅各布・希夫（Jacob Schiff）。正所謂「三軍未動，糧草先行」，現代戰爭需要強大資金作為後盾。當年若沒有從華爾街來的資金，日本斷難擊敗俄羅斯這個歐亞強國。而若沒有希夫，日本斷難在看不起亞洲人的白人銀行家手中獲得龐大的資金。

雅各布・希夫 1847 年出生於法蘭克福，18 歲時移居美國，進入家族銀行業務，後加入 Kuhn, Loeb & Co. 並於 1875 年與公司創始人之一所羅門・勒布的女兒結婚。希夫不僅是一名金融家，還致力於全球猶太社區的福祉。他對沙皇俄國政權尤其不滿，因為俄國被廣泛認為是反猶太主義的發源地。1903 年的基什尼奧夫大屠殺激怒了包括希夫在內的猶太領袖。希夫希望結束對猶太人的暴行，並呼籲美國政府採取強硬行動反對俄國對猶太人的虐待。敵人的敵人是朋友，1904 年日本與俄國開戰時，希夫看到了協助日本擊敗沙皇政權的機會。

1904 年，俄國政府積極尋求與日本開戰，因為沙皇相信這些「黃猴子」會被輕易擊敗。他的信念並非全屬妄想。1900 年，日本的人口約為 4500 萬，而俄國為 1 億 600 萬。在金融資源方面，日本戰前的黃金儲備僅為 1170 萬英鎊，而俄國則為 1 億零 630 萬英鎊。在金本位時代，黃金儲備的數量是國家在國際債務市場上籌集資金的關鍵。此外，俄國在國際市場上也更具影響力，因為其對外貿易額幾乎是日本的三倍。就兩國政府的相對經濟規模而言，俄國的國家預算大約是日本的十倍。儘管俄國經濟規模龐大，但卻面臨持續的現金流問題，需要靠持續發債維持政府運作。在和平時期，要掩蓋這個財政問題相對容易，但日俄戰爭暴露了沙皇政權的弱點。市場迅速看清形勢，在 1904 年 2 月 8 日戰爭爆發後不久，俄國債券在巴黎證券交易所大幅下跌。在 1905 年 5 月對馬海戰災難後，困窘的俄國政府又試圖發行 2 億盧布的債券。然而，這筆貸款回報雖達 5—7%，卻無人問津，以致它們被俄國儲蓄銀行、商業銀行和國家銀行接收，變相成為強制貸款。

日本方面同樣面對周轉困局，籌措資金的重任交到日本銀行副總裁高橋是清手中。高橋是清於 1904 年 4 月前往倫敦，希望發行 1000 萬英鎊的債券。在倫敦的旅行中，高橋遇到了希夫，從此改變了日俄戰爭的走向。希夫代表 Kuhn, Loeb & Co. 承諾在紐約承銷日本剩餘的 500 萬英鎊債券，這一提議在日本戰爭勝利之前就已提出，顯示了希夫的決心和信心。1904 年 11 月，隨着戰爭向着有利於日本的方向發展，日本發行了第二筆金額為 1200 萬英鎊的貸款，其中美國投資者認購了 600 萬英鎊。在華爾街的大力支持下，這筆貸款超額認購約 1.5 倍。及後，日本又發行了多筆債券，並在希夫奔波努力下大獲成功。這批龐大的資金不僅用於軍費，即使在戰後和談，它仍發揮了巨大作用，因為表明日本有能力持續與俄國作戰，直至完全勝利。在這有利形勢下，日俄兩國終簽訂了《樸茨茅斯條約》(Treaty of Portsmouth)，鞏固了日本在遠東的利益。

總體而言，日本在日俄戰爭中的總支出估計為 1.72 億英鎊 (8.6 億美元)。日本政府的債務總額為 1.07 億英鎊 (5.35 億美元)，其中美國投資者認購了 3925 萬英鎊 (1.9625 億美元)。這意味着整個日本的戰爭支出有 62.2% 由債務證券資助，其中 22.8% 由美國投資者提供。令人驚訝的是，隨着戰爭擴大，日本的信用越來越強，即使債務比率隨着每次債券發行迅速上升。希夫在推動日本戰爭事業及其政府信用方面發揮了關鍵作用，這對日本政府籌集足夠資金繼續戰鬥至關重要。另一方面，希夫也推動了華爾街走向國際化。在日俄戰爭之前，美國為日本戰爭努力籌集的資金是前所未有的，因為華爾街當時並不是國際金融中心，若非希夫的努力，恐怕華爾街還得坐待多時方能躍升。

戰爭需要大量資源，戰果很大程度取決於其獲取資本的能力。在日俄戰爭中，雅各・希夫的籌資活動中發揮了關鍵作用。通過他的網絡和影響力，希夫成功地為日本政府籌集了必要的資金，並阻礙了沙皇政權的籌資努力。讀戰爭史時，人們大多關注將領的英明謀略、戰士的奮勇作戰、武器的創新與變革。但日俄戰爭和希夫在衝突中的角色顯示，資金才是現代戰爭勝負的關鍵。要看懂戰爭，必須要追蹤交戰雙方「錢從何來」。

「東方居里夫人」吳健雄

日本人一直都覺得自己是敗於美國的原子彈，而非中國人的頑強抵抗。但對他們來説一個難以忽視的真相，就是曼哈頓計劃依靠了一位華人女性的智慧與學識。大男人主義的日本人要面對被一位中國女人打敗，該是何等的情何以堪？在剛過去的奧斯卡金像獎頒獎典禮，電影《奧本海默》（*Oppenheimer*）成為最大贏家。挾着 13 項金像獎提名，該片最後共奪最佳電影、最佳導演、最佳男主角、最佳男配角等 7 項大獎。基斯杜化・路蘭（Christopher Nolan）的傳記電影不單重振電影業自新冠疫情以來的頹風，也掀起一股奧本海默熱潮，引起大眾對曼哈頓計劃以至量子力學的興趣。在電影中，我們看到的盡是一羣白人男性科學家、軍人、及政治家如何合力研製原子彈，戰後又如何因原子彈掀起一場政治風暴。然而鮮為人知的是，曼哈頓計劃中其實亦有一位華裔女性物理學家的身影，她就是人稱「東方居里夫人」的吳健雄博士。

吳健雄 1912 年生於蘇州太倉瀏河鎮的書香門第。其父吳仲裔重視教育，並提倡男女平等，故吳健雄自少便與兄弟一樣讀書識字。1927 年，她以優秀成績畢業於蘇州市第二女子師範學校，同年入讀上海的中國公學，受學於胡適。

1930 年，吳健雄進入中央大學，攻讀數學，翌年轉讀物理學系。她於 1936 年負笈美國，入讀加州大學柏克萊分校，亦即奧本海默任教的大學；四年後順利獲得博士學位。留學期間，吳健雄邂逅並嫁給另一留學生袁家騮。袁家騮是袁世凱的孫子，不過其父袁克文並不值袁世凱稱帝所為，故甚受上海學術界敬重。在吳健雄剛到舊金山時，便是袁家騮引見吳健雄於諾貝爾獎得主、發明迴旋加速器的勞倫斯 (E. O. Lawrence) 博士，直接令吳決定於柏克萊攻讀博士。

畢業以後，縱使天才橫溢，但作為華裔女性，吳健雄一開始的學術生涯並不順暢，只能任教於美國東部一所女子學院，翌年才能轉到普林斯頓大學擔任講師。1944 年，她進入哥倫比亞大學任教。同年，她參與了有關原子彈的鈾原子核分裂研究，幫助解決核反應堆連鎖反應無法延續的難題。不過，由於她其時並非美國公民，故並沒有直接參與「曼哈頓計劃」研發原子彈。

戰後，吳健雄在美國繼續其物理學研究。至 50 年代，兩位年輕華裔科學家李政道和楊振寧正努力推翻物理學中的「宇稱守恆定律」(Parity Conservation)，他們空有理論，但卻苦於沒有實驗證據支持。吳健雄及其同僚看出了這項實驗的重要性，決定在華府國家標準局着手進行實驗。吳健雄的實驗最終證實了「在弱相互作用中宇稱不守恆」理論，李政道和楊振寧也因此而獲得 1957 年的諾貝爾獎。可惜的是，吳健雄卻被排除在獲獎者之外。吳健雄對於自己沒有得到諾貝爾獎，多年來從未公開表露過意見。不過，在一封寫於 1989 年 1 月的信中，吳健雄寫道：「儘管我從來沒有為了得獎而去做研究工作，但是，當我的工作因為某種原因而被人忽視，依然是深深地傷害了我。」雖然如此，吳健雄仍醉心研究和教學，在 1958 年終於晉升哥倫比亞大學教授，並一直任教其中至 1980 年以物理普平講座教授退休為止。

與很多同時期的華裔科學家一樣，吳健雄在 1972 中美關係解凍後與中國學界持續聯繫。在美國總統尼克松訪華後翌年，吳健雄相隔 37 年後終能回鄉省親，並與時任總理周恩來會面。1990 年，中國紫金山天文台將 1965 年發現的第 2752 號小行星命名為「吳健雄星」，以表示對這位世界著名物理學家的尊崇。1997 年 2 月 16 日，吳健雄在紐約病逝，終年 85 歲。遵照她的願望，吳健雄的骨灰安放在故鄉中國江蘇蘇州太倉瀏河鎮。

吳健雄的一生反映了 20 世紀華裔女性在學術界的苦況。在學院之中，縱使天才橫溢而且刻苦耐勞，對比其男性同僚，吳健雄遠未能獲得相應的榮譽和尊重。直至吳健雄逝世後，她的貢獻才獲得體認。2020 年美國《時代周刊》（*Time*）選定她為 1945 年年度女性，該文寫道：「當人們被問及曼哈頓計劃和它所製造的武器時，很少有人會想起吳健雄這個名字。但如果沒有這位物理學家，這個項目可能會失敗，甚至第二次世界大戰可能會拖遲延長到 1946 年以後才結束。」但另一方面，吳健雄傳奇的一生也反映了普及教育的重要性。因着父親吳仲裔的遠見，吳健雄得以和兄長一樣接受教育；及後，受益於政府的普及教育政策，吳健雄又得以接受高等教育，為遠赴美國深造打下重要基礎。由此可知，只要有同等的教育和栽培，華裔女性的能力絕不遜色於白人男性。清朝漢族文人需要虛構一位呂四娘來洗去被征服的屈辱。吳博士卻實實在在給了我們中華民族值得驕傲的底蘊。如此偉大的一位女性學者今天又有多少人認識與懷念？

汽車與近代中國發展的奇緣

汽車與近代中國的發展有奇緣。早前電動車大廠特斯拉（Tesla）在中國率先推出煥新版 Model 3，早於美國市場。特斯拉在中國建廠與熱銷，催生中國新能源汽車業的成長。今日總部設於深圳的比亞迪已超越特斯拉，成為全球新能源汽車銷售冠軍，而中國連續八年保持全球新能源汽車銷售第一。西方傳媒的說法，新能源汽車已進入「中國世紀」。

這令人想到一個世紀前福特汽車（Ford Motor）推出的 Model T 車型。Model 3 和 Model T 有很多相似之處：兩者背後皆為有遠見卓識的領導人，福特的亨利・福特（Henry Ford）和特斯拉的馬斯克（Elon Musk）的共同願望，是將汽車的生產製造帶入新時期，讓更多的普通市民負擔得起。Model 3 自 2012 年面世後多次減價，售價由 7.5 萬美元降至 3.5 萬美元。這其實是馬斯克向福特取經：Model T 在 1908 年首次發佈，售價是 850 美元。隨着生產效率提升，1927 年售價降至 260 美元。

Model T 不單單只是「美國首部與中產階級購買力相符的汽車」，它造成的意外後果和蝴蝶效應更可能與清朝的覆亡有關。福特汽車生產 Model T 耗用大量輪胎，導致作為輪胎原料的橡膠需求和價格急升，由四便士攀升至三英鎊。在價格和需求帶動下，世界各地的橡膠產業公司如雨後春筍般發行股票。上海作為亞洲金融中心也不甘後人，加入熱炒橡皮股票的風潮。當地的銀行和銀號對橡膠公司的融資十分寬鬆，刺激橡膠公司的股價進一步上漲，也促使更多橡膠公司發行新股票，當時每月有多至十幾家新的橡皮股票公司在上海上市。

中國錢莊深陷其中。據估計，華商投入上海市場的金額介於 2600 萬—3000 萬兩，投入倫敦市場約為 1400 萬兩，總額約為 4000 萬—4500 萬兩。錢莊除了投入本身的資金，還向同業和外資銀行借貸。最高峯期，上海幾乎可說是全民皆股，上至朝廷命官，下至不計其數的各地錢莊職員，以至一般商人和受薪階級，皆有涉足。由於利之所在，上海三大錢莊的主人都屬主要的參與者。他們分別是正元錢莊的陳逸卿、兆康錢莊的戴嘉寶和謙餘錢莊的陸達生。

英語世界有句流行語，「漲上去的總是要跌下來」(What goes up must come down)，這也是股票市場要服從的定律。1910 年中，美國政府對橡膠實施限制消費的政策，導致橡膠價格在國際市場上持續下跌。橡膠價格下跌帶動全球橡膠公司的股價下跌。1910 年 7 月 21 日，正元、兆康和謙餘三家錢莊倒閉，共損失逾 500 萬兩。與這三大錢莊關係密切的森源、元豐、會豐、協豐和晉大五家錢莊也受牽連，先後倒閉。一場完美的金融風暴已經成形，本已危如累卵的清政府如何面對？袁世凱親信、上海道台蔡乃煌和上海商務總會會長周金箴趕到寧波面見兩江總督張人駿及江蘇巡撫程德全。清廷至此方知事態嚴重，遂批准向外國銀行緊急借款。為穩定人心，蔡乃煌撥出上海官銀300萬兩，存放於源豐潤、義善源及其分屬莊號，這300萬兩包括上海海關的稅款「滬關庫款」。這些措施換來的只是短暫的平靜。清政府要從「滬關庫款」取出190萬兩償還庚子賠款。問題是有關款項已用作救市，且上海金融市場驚魂未定，人心仍然虛怯。蔡乃煌因此提議從大清銀行撥出200萬兩墊付，但清廷的軍機處不允，堅持要從源豐潤等錢莊提款。

這是嚴重的判斷錯誤。源豐潤和義善源的財政穩健來自上海官銀的支持。上海官銀有十分之六存放於源豐潤系，其餘的十分之四存放於義善源系。這使得它們無需依靠外國銀行拆款。在軍機處的脅迫下，蔡乃煌無奈向源豐潤和義善源催要官款，最後一舉提走二百多萬兩。這對上海的金融業是致命一擊：外國銀行宣佈拒收21家上海錢莊的莊票，源豐潤繼而倒閉，產生的連鎖反應令六家大型銀號倒閉，其後再有三十餘家錢莊倒閉。源豐潤和義善源的分號遍佈全國，它們的相繼倒閉使營口、北京、廣州和重慶等城市陷入恐慌。在橡皮股票風潮發生前的1910年初，上海有錢莊或銀號91

家。其中有 48 家受到風潮影響而停業倒閉，佔上海銀行業商號 53%，總欠款額接近 2000 萬兩。

受到橡皮股票風潮影響，上海銀行業缺少存款準備金應對提款的需求。上海錢莊和銀號相繼倒閉，其「火燒連環船」牽連的廣度更擴大至全中國其他地區，幾乎所有商埠都陷入金融危機。面對財困，清政府只好再次向外國銀行舉債。其中兩江總督張人駿以江蘇鹽厘作擔保，向滙豐、東方匯理和德華三家銀行藉款 300 萬兩，年息 7 厘，期限 6 年，使清廷原本虛弱的財政狀態雪上加霜。為緩解財政壓力，清政府將各地民辦鐵路收購成國有資產，結果引起四川保路運動爆發，清政府從湖北派新軍入四川鎮壓，湖北兵防空虛，最終誘發辛亥革命。

印度與英國殖民統治

2023 年 9 月在新德里舉行的十國集團（G20）峰會，原來是印度品牌再造的良機。印度藉此機會，向國際社會釋放有意更改國名的訊息。將對外使用的國名由世人熟悉的「India」（印度）改為難懂、難發音的「Bharat」（巴拉特），無異於一場豪賭。國家改名並非沒有先例，此前，荷蘭便棄用「Holland」，將國家正式定名為「The Netherlands」。然而，在改名前，「The Netherlands」早已是廣為人知的常用地理名詞。相比之下，「巴拉特」雖然在印度憲法中與「India」及「印度斯坦」（Hindustan）享有同等地位，但在國際社會中幾乎無人認識。印度這個名稱多年來累積的「品牌價值」突然變得岌岌可危，情況或許比 Twitter 改名為「X」更加嚴重。

印度總理莫迪（Modi）領導的執政黨——印度人民黨（BJP）聲稱，「India」一詞帶有殖民主義與奴隸制的含義，是英國殖民統治的象徵，因此改名是去殖民化的撥亂反正。反對派則指這是人民黨為明年大選作出的政治部署，目的是削弱反對派的聲勢，因為反對派組成的「印度全國發展包容聯盟」（Indian National Developmental Inclusive Alliance）的首字母縮寫正是「India」。不論改名是否有不可告人的政治動機，英國長達兩百年的殖民統治的確為印度人民帶來極大災難。

印度自 1947 年獨立至今已 76 年，對於英國殖民管治的影響仍然存有極為複雜的心理狀態。

最近，刊登於《世界發展》(*World Development*) 期刊的一份研究報告指出，從 1880 年至 1920 年，即英帝國主義的全盛時期，多達一億印度人因英國殖民政策而喪命。這份題為《資本主義與極度貧窮：自 16 世紀以來實際工資、人類身高與死亡率的全球分析》(*A Global Analysis of Real Wages, Human Height and Mortality since the Long 16th Century*) 的報告指出，殖民主義對印度造成的生靈塗炭，可謂史無前例。報告指出，在人類歷史上，「極度貧窮」並不常見，僅會發生於極度動盪、經濟秩序崩潰的社會，特別是被殖民統治的社會。自 16 世紀末期資本主義萌芽，大國對小國及其殖民地的剝削愈演愈烈，包括對人民的奴役與資源的掠奪。結果，全球人民的實際工資降至最低生活水平以下，平均身高下降，而過早死亡的人數大幅增加。這種情況直到 19 世紀末 20 世紀初才有所改善，當時正值全球範圍內的大規模民主與反殖民運動興起。報告強調，直至今日，帝國主義與殖民主義的遺禍依然清晰可見。東南亞、撒哈拉以南非洲 (Sub-Saharan Africa) 和拉丁美洲許多國家的土著居民，至今仍面臨極為惡劣的生活處境，這與他們或其祖先曾是殖民地子民有着極大關聯。

或許，沒有哪個國家比印度受到殖民主義的傷害更為深重。在 16、17 世紀被殖民統治之前，印度的死亡率與英國相若（每千人 27.8 人）。但在 1881 年至 1920 年，英國殖民統治印度的高峰期，多達一億印度人「過早死亡」(die before their natural age)。這一數字令人震驚，甚至難以置信。近代歷史上，極權統治下的多場大饑荒，例如朝鮮、史達林統治下的蘇聯、赤柬統治的柬埔寨，以及馬里亞姆 (Mengistu) 統治下的衣索比亞，死亡人數總和也遠遠不及一億。從這個角度來看，根據上述研究，英國的殖民統治無疑是一場人類史上的大災難。

導致這一局面的原因，與英國政府的殖民政策脱不了關係。首先，英國對印度本土工業的摧殘可謂毀滅性打擊。殖民統治之前，印度在全球貿易供應鏈中扮演着重要角色，生產的優質紡織品遠銷世界各地。然而，1757 年英國東印度公司進駐孟加拉後，形勢急轉直下。英國東印度公司 (The Honourable East India Company) 是一家獲得英皇特許的公司，擁有在印度貿易的壟斷權，並且在近 200 年間從一間貿易企業變成印度的實際統治者。美籍印度裔作家慕克吉 (Madhusree Mukerjee) 長期研究英國殖民主義及殖民政策。她指出，英國殖民政府幾乎取消了所有關税，導致各類英國商品充斥印度市場。同時，殖民政府制定極為複雜、異常嚴苛的內部關税制度，使印度本土產品，特別是紡織品，不僅無法出口，甚至難以在國內市場與英國進口商品競爭。結果，印度被「去工業化」。

英國是殖民主義的始作俑者，對資源掠奪的操作可謂爐火純青。在統治印度期間，英國對這片土地進行的「合法盜竊」(Legal Thievery)，可謂無所不用其極。殖民政府先對印度人徵收重税，然後將這些税款用來購買當地生產的糧食、布料與鴉片等印度貨，再轉售圖利，而所得收益則歸入英國政府庫房。難怪至今仍流傳着這樣一句話：「英國之所以是日不落帝國，是因為連上帝都不敢在黑暗中相信英國人。」(The reason the sun never set on the British Empire is because God doesn't trust the British in the dark.)

愛爾蘭饑荒的天災與人禍

19 世紀的大英帝國，挾着工業革命的氣勢，是名副其實的日不落帝國。為了展示國力，當政的維多利亞女王的王夫艾伯特親王（Prince Albert）在 1851 年首都倫敦海德公園舉行了全球第一場世界博覽會（Great Exhibition of the Works of Industry of all Nations），向世界展示其政治、經濟、以及科技成就。這場博覽會最觸目的成就，自非水晶宮（Crystal Palace）莫屬，這座以鋼鐵為骨架、玻璃為主要建材的建築，象徵工業革命時代英國國力之鉅。然而，鮮為人知的是，在同一時間，英國治下的愛爾蘭歷經了遺禍數年的大饑荒。在 1845 至 1852 年間，約有一百萬愛爾蘭人餓死，另有超過一百萬人被迫移民外地。

饑荒的直接起因在於一種傳自美洲、名為馬鈴薯晚疫病（Potato Late Blight Fungus）的致病疫黴，此病導致愛爾蘭的馬鈴薯大規模失收。然而，馬鈴薯晚疫病其非只肆虐於愛爾蘭，歐洲各地同樣受到其侵害，何以愛爾蘭的饑荒最為嚴重，歷時也最長？這要歸咎於英國政府的一連串政策失誤，以及對當地佃農的制度性剝削。正如愛爾蘭反對派領袖約翰・米歇爾（John Mitchel）在 1846 年所言：「萬能的上帝為愛爾蘭派來了馬鈴薯晚疫病，但製造饑荒的卻是英國人」

（The Almighty sent the potato blight but the English created the Famine）。

首先，愛爾蘭的土地大都為英國新教徒地主所擁有，並租給當年天主教愛爾蘭佃農。這些佃農所租的農地往往不足五英畝，而由於馬鈴薯的出產量可以是其他穀物的三倍，而且易於種植和儲存，故大部分佃農都選擇種植馬鈴薯。另一方面，在佃農制度下，由於農地終有一天需交還給英國地主，愛爾蘭佃農沒有誘因投資於農地，以種植其他農作物。結果，單一種植令當地難以應對天災和病菌對農業的衝擊，直接埋下了饑荒的導火線。

另一方面，英國搖擺的經濟政策，令愛爾蘭農民的情況雪上加霜。英國於 1815 年通過穀物法（Corn Laws）。這項保護主義政策對進口的穀物實施關稅，以維持國內穀物價格並鼓勵穀物出口。事實上，這項法令保障的只是英國地主的利益，愛爾蘭佃農在失收之時，卻仍要以高於市場價格購買糧食。這導致了一個可悲而諷刺的狀況，當愛爾蘭處於大饑荒的同時，其穀物出口量卻仍穩定增長了一段時間。據估計，在 1840 年代期間，愛爾蘭生產的糧食足以養活 1800 萬人，然而這些充裕的糧食卻很少留在愛爾蘭境內，導致饑荒發生在糧食出口國的矛盾景象。為甚麼佃農不選擇留下穀物充饑？因為他們需要賣出穀物以支付昂貴的地租予英國地主。

英國政府最終在 1846 年廢除了穀物法，以期緩解愛爾蘭的糧食危機。時任首相羅拔卑利（Robert Peel）當時仍然相信，自由市場可以自行調節並解決糧食問題。但事實上，愛爾蘭佃農已經「連穀種都食埋」，即使農產品價格下降，也無力負擔購買。後知後覺的英國政府，在 1847 年方始轉而採用更為直接的救濟方法，透過濟貧院和粥廠發放糧食。然而英國的政策失誤，已奪去愛爾蘭無數的人命。而且濟貧院和粥廠亦未有立竿見影之效，大饑荒最終至 1851 年方結束。

愛爾蘭大饑荒，造就了大規模的移民，並對世界帶來深遠影響。為了逃避饑荒，近百萬愛爾蘭人移民到北美大陸、澳洲、紐西蘭以及英屬其他殖民地。龐大的愛爾蘭移民很快在美國形成了一股不容忽視的政治勢力。至今共有兩任美國總統是愛爾蘭移民的後裔，他們分別是第 35 任總統甘迺迪（John F. Kennedy）以及現任美國總統拜登。拜登的曾曾祖父帕特里克・布萊維特（Patrick Blewitt）在 1848 年作為一名船童橫渡大西洋，並在三年後帶同父母及七個兄弟姐妹到新世界定居。而甘迺迪的八位曾祖父母則全是於 1840 年代從愛爾蘭而居到波士頓，並在世紀末成為當地有勢力的政商家族。可說，愛爾蘭大饑荒的影響延續直到今天。

愛爾蘭大饑荒最令人悲憤之處，在於英國統治者的貪婪和失誤，令一場本來可以控制的天災發展成一場以年計的人禍，奪去百萬無辜生命，也重創了愛爾蘭社會。更可惡的是，英國政府完全沒有汲取教訓，令同樣的饑荒再度於其殖民地爆發。1876 年，英屬印度南部與西南部因為乾旱導致農作物失收，但殖民政府卻仍持續出口糧食，結果引致另一場全國性饑荒，約 560 萬到 960 萬人不幸喪生。1943 年二戰期間，英國政府為供給中東及錫蘭的軍隊，將大量英屬印度孟加拉地區出產的糧食運走，導致該地糧價急升，估計最終約有 210—300 萬人死於饑餓。不少論者認為，英政府的行徑已構成種族滅絕，然而鑑於英國在國際社會的餘威，相關的指控並未受到認真對待。看着這些歷史，人們只能驚歎：天災可怕，但遠遠不夠人的邪惡可怕。

布林肯的猶太魂

若問前美國總統拜登內閣成員之中，誰是最常飛行的成員（most frequent flyer），答案呼之欲出，肯定是國務卿布林肯（Anthony Blinken）。布林肯當前面對的最大難題，是愈演愈烈的以巴衝突。衝突爆發後，布林肯第一時間飛到以色列，向其保證：「你也許有足夠能耐獨力保護自己，但只要有美國一天，你無需這樣做。」這當然是美國的國策，但布林肯與以色列的關係非比尋常，跟他的身世大有關係。

布林肯的雙親皆為猶太人，但令他對自己猶太人身份倍加自覺的，是他的後父皮薩爾（Samuel Pisar）。皮薩爾是納粹大屠殺（The Holocaust）的倖存者，在其自傳《血與希望之間》（*Of Blood and Hope*）詳述自己的死亡集中營經歷，其中包括他在遺臭萬年的奧斯威辛（Auschwitz）集中營的非人生活。皮薩爾除了是作家，還是國際知名的律師和多任法國總統的智囊。2013 年，他接受《華盛頓郵報》訪問時透露，少年布林肯對他在納粹魔掌中死裏逃生的經歷極感興趣。皮薩爾說：「我經歷這一切的時候年紀跟當時的布林肯差不多。這影響了他的世界觀。從那時開始，他明白到世界會在一瞬間變得黑暗，甚麼恐怖的事情都可以發生。」皮薩爾 2015 年離世後，布林肯公開表示，《血與希望之間》乃必讀之書，因為它提醒世人，每一代對前人所受的苦難，都應該莫失莫忘。

然而布林肯家族出過最著名的猶太作家不是皮薩爾，而是在猶太文化界鼎鼎大名的邁爾・布林肯（Meir Blinken）。邁爾是布林肯的曾祖父，英年早逝，死時只有三十七歲；他的一生雖短暫但傳奇，且著作甚豐。1904 年，他 25 歲才以移民身份定居紐約，當年移居美國的猶太人有 10.5 萬人。

邁爾初到貴境，生活艱苦，曾當木匠和按摩師養活家人。但他立志成為作家，艱苦的生活反而給他更多寫作靈感和題材，以及令他更了解人性。他在紐約市曼哈頓下東城東百老滙大街（East Broadway）開設一家按摩院。下東城（Lower East Side）是多元化的交滙地，既有灰暗的礫石小巷與蜂巢般擠迫的住樓，也有高尚公寓和潮流精品店。入夜後，酒吧、音樂廳和餐廳坐滿時髦的年輕人。更重要的是，在 1900 年代，下東城是全球猶太人的集中地，每一公里就有多達 30 萬猶太人聚居。邁爾在那裏浸潤於多彩多姿的猶太文化，看到生活的無奈，也看到人性的光輝。他如魚得水，慢慢建立起他作為花果飄零的猶太作家的獨特風格。

他以德國猶太人常用的意第緒語（Yidiš，一種日耳曼語方言，使用者以猶太人為主）寫作，在 1904 年至 1915 年短短十一年內，完成五十部小說與非小說類作品，可說是非常多產。在這些作品，邁爾繪形繪色地呈現出猶太移民在美國的真實生活：三餐不繼的貧窮、與老鼠蟑螂為伍的生活和居住環境、對宗教的虔誠和迷信、渴望融入美國社會但又與其格格不入等等。1908 年，邁爾在倫敦發表散文詩《女人》（*Women*）。這首詩和他的很多小說一樣，從女性角度寫女性的出軌、婚外情、墮胎和情慾。這在意第緒語文學中別樹一幟，有評論甚至誇張地說，邁爾為在美國的猶太女移民「發現了性」。

在前拜登總統班子中的布林肯位極人臣，在位期間可以照顧以色列的國家安全和國家利益，皮薩爾與邁爾泉下有知必定感到安慰。在美國歷任國務卿之中，最著名的猶太人是基辛格（Henry Kissinger）。基辛格出生於魏瑪共和國（Weimar Republic）巴伐利亞邦菲爾特一個猶太人家庭。1938 年為逃避納粹黨迫害，舉家移民紐約，五年後歸化成為美國公民。

布林肯的從政之路與基辛格相似，兩人都是名校出身，取得驕人的學術成就後，再出版擲地有聲的論文專著，並以此作敲門磚踏足政界。基辛格 1905 年以一等榮譽取得哈佛大學的政治學士學位。其後於 1952 年及 1954 年先後獲哈佛頒授哲學碩士及博士學位。他的博士論文題為《和平、合法性與權力均衡》（*Peace, Legitimacy and Equilibrium*），剛出版就在外交界引發熱議。無獨有偶，布林肯也畢業於哈佛，取得學士學位後在自由主義刊物《新共和》（*The New Republic*）

工作。一年後進入哥倫比亞大學法學院，於 1988 年獲法律博士學位。他在外交界初露鋒芒，源於 1987 年以學士畢業論文為基礎出版的專著《同盟與同盟：美國、歐洲和西伯利亞管道危機》(*Ally versus Ally: America, Europe and the Siberian Pipeline Crisis*)。

阻礙你們發展是他們的硬道理

「全球南方」(Global South)，是一個與「全球北方」(Global North)對應的政治地理概念，泛指第二次世界大戰後脫離殖民統治的民族國家，與「開發中國家」大致同義。就地理而言，全球南方包括非洲、拉丁美洲和加勒比海地區、亞洲以及大洋洲，但不包括以色列、日本、韓國、澳洲和紐西蘭。雖然脫離了殖民宗主國超過半個世紀，全球南方國家的人均壽命、教育程度、貧窮問題、貧富差距、就業情況、科學研究等均遠遜色於全球北方。有學者指出，這個全球化的不平等是因為全球北方國家仍然透過各種國際手段，從全球南方汲取大量資源，以維持後殖民制度。

早在1960年代晚期，阿根廷經濟學家勞爾・普雷維什(Raúl Prebisch)便提出了依附理論(Dependency theory)。根據古典經濟學理論，國際貿易能讓各國達到比較優勢，從而相互得益；但是普雷維什在研究拉丁美洲經濟的實際發展時，卻得出相反的結論；他發現全球南方的財富正在減少，而全球北方的富國的財富卻越發增加。而這個局面，隨着全球化而變得更為嚴重。全球北方國家越來越大規模地依賴來自全球南方的各樣資源，包括每年數百億噸的原材料和數千億小時的人力。這種剝削不僅體現在低技術商品上；高科技工業如智慧型手機、筆記本電腦、晶片和汽車等商品，在過去幾十年絕大多數亦是在南方製造的。在自由經濟下，全球南方的資源價格理應迅速回覆到平衡點，以做到各國互惠互利。但實際上，全球南方的價格系統性地低於北方。例如，南方工人的工資平均是北方工人工資的五分之一。這意味着當南方國家從北方國家進口勞動力、資源和商品時，他們被逼用更多的勞動力和資源來交換。經濟學家稱之為「隱性價值轉移」(Hidden Transfer of Value)。

經濟學家還發現，「隱性價值轉移」自上世紀 80 至 90 年代起越發嚴重。如今，全球北方國家每年從南方國家消耗價值 2.2 兆美元的商品。從長遠來看，這筆錢足以在全球消除極端貧困十五次。而自 1960 年至今，其實際流失總額達 62 兆美元。如果這筆資金被留在南方，以支持當地經濟成長，按照南方在此期間的經濟成長率，其價值將達到 152 兆美元。換句話說，全球北方在約半個世紀間從全球南方偷走了 152 兆美元。全球北方在 20 世紀下半葉的經濟增長遠快於全球水平，很大程度是因為他們從世界各地系統性地汲取大量資源。更令人不齒的是，全球北方因為「同情」全球南方國家的遭遇，每年向這些國家提供鉅額的資金援助。但事實上，南方每收到 1 美元的援助，同時亦正透過「隱性價值轉移」外流 14 美元回到全球北方，而這還不包括非法資金外流和利潤匯回等其他類型的損失。現實是，貧窮國家正在被富裕國家剝削。

那全球北方國家是如何維持這種國際間的不平等呢？除了強力的軍事後台外，他們主要透過國際機構操控全球貿易。富裕國家壟斷了世界銀行和國際貨幣基金組織的決策權。透過這些國際機構，全球北方的國家向全球南方國家大量發債，聲稱協助他們發展經濟。而作為放債人，富裕國家在世界貿易組織中擁有大部分議價權，並可以利用債權人的權力來決定債務國的經濟政策，從而控制當中 97% 的債務國。利用這項權力，北方國家和其企業得以將南方國家的勞動力和資源價格維持在低水平。結果，國際貨幣基金組織的債務援助往往不但無助貧窮國家經濟發展，反倒令他們更為窮困。而獲益的，仍然是全球北方的國家。更甚者，在 1980 年代和 1990 年代，國際貨幣基金組織的結構調整計劃削減了公共部門的工資和就業，同時取消了勞工權利和其他勞工保護法規，所有這些都降低了勞動力和資源的價格。如今，貧窮國家不但只能依賴外國投資發展經濟，更必須相互競爭，提供更廉價勞動力和資源，以獲國際金融大亨的合約。

經濟學家提出了幾項減少這種剝削的方法。其中之一是令世界銀行和國際貨幣基金組織等國際機構更為民主化，使貧窮國家在制定貿易和金融政策方面有更公平的發言權。

另一個方法是確保貧窮國家有權利用關稅、補貼和其他產業政策來建立經濟主權權，為勞動力和資源價格設定底線。但是，把持着權力的北方政經領袖會同意放下手中的利益嗎？

我們作為平民百姓，不見得有權對台上的人指指點點。若沒有這種全球南北系統性的剝削，我們也不能每季購置時裝新款衣物、吃不起從世界各地運來的蔬果肉類，也不可能負擔得起最新款的 iPhone、相機或電腦。要知道，我們可以買得起這些商品，是因為數以萬計的孟加拉工人以每小時 $1.5 美金的工資在工廠日夜趕工。敢問，知道真相的看官還想追求全球公義嗎？畢竟，人類歷史經驗告訴我們，一部分人的享受必然是從大多數人的血汗堆砌出來的。

全球南北的雙「電」標

「How dare you!」2019 年瑞典環保少女 Greta Thunberg 在聯合國氣候行動峯會向全球領袖的一句質詢，成了近年氣候行動倡議的標誌性畫面。氣候變化將對我們世界帶來的影響與危機，科學界已有大量研究發現，實不容外人隨口指點。但對於這場運動，當中不少細節卻是值得批判。近年不少報道都指出，這場全球運動很多時都不幸淪為政商名流撈取名利的舞台，而對真正的氣候變化問題毫無幫助。不少高調倡議的名人，更被發現言行不一。例如，公開支持氣候行動倡議的哈里、梅根夫婦，便被爆出在 2019 年乘坐私人飛機到伊維薩島度假，然後飛往法國尼斯。在被問到此事時，哈里王子只是表示 :「人誰無過 ?」微軟創辦人比爾蓋茨則是比較老實，在被問到長年乘坐私人飛機是否與其氣候行動倡議背道而馳時，他霸氣回應 :「沒有，因為我投資了數十億在環保項目上。」換句話説，當升斗小民為了愛護大自然而被逼使用紙飲管的時候，在台上高調倡議的名流卻正乘坐私人飛機享受世界各地的美酒佳餚。此可謂現今世界的一大諷刺。然而，這種氣候行動倡議的虛偽並非只停留於個人層面；國際間的氣候合作同樣充滿富國欺凌窮國的虛偽戲碼。

2015 年 12 月 12 日，全球 196 個國家領袖在巴黎舉行的聯合國氣候變化會議上簽訂了《巴黎協定》。協定的主要目標是將全球平均氣溫升幅控制在工業化前水平以上 2 攝氏度之內，並努力限制在 1.5 攝氏度之內。與只對工業化國家具有約束力的《京都議定書》不同，《巴黎協定》要求所有簽署國，包括工業化國家以及發展中國家，提交自主貢獻計劃（NDCs），詳述其減少溫室氣體排放計劃，各國亦需要定期更新和提交報告，以逐步提高減排力度。此外，協定還強調適應氣候變化的措施，資金支持，技術轉讓和能源建設等方面的合作，以幫助發展中國家應對氣候變化的挑戰。

然而，隨着各國開始計劃及實施其減排計劃，當中的國際不平等問題越趨刺眼。首先，全球北方的工業國家與全球南方的發展中國家在二氧化碳排放上，有極其巨大的差異。有研究更指全球北方的二氧化碳排放佔全球排放量 92%！根據全球發展中心（Center for Global Development）的分析，英國人的平均個人碳排放量是剛果人的 200 倍；英國人兩天的二氧化碳排放量已經超過剛果民主共和國一整年產生的排放量；而他們一個月的二氧化碳排放量，則已超過 30 個中低收入國家公民的全年排放量。而以浪費聞名的美國人，平均一天的碳排放量則是剛果人 585 倍。他們只需一天便達到剛果一年的碳排放量；九天便達到肯雅一年的排放量。而這還未計算，超過一個世紀以來全球北方大量排放污染物，並享受富裕的物質生活，而同時很多全球南方國家甚至還在努力建設基礎能源設施。但在《巴黎協定》的框架下，美國為減排將要付出的代價，卻不見得比剛果多585倍。

另一方面，《巴黎協定》的減排目標阻礙了很多全球最貧窮國家的基礎發展。為了減排，《協定》一刀切禁止全球化石燃料項目。這對已鋪設基礎電力供應系統的工業國家影響不大，因為他們無需立刻停用現有的化石燃料發電設施。然而，這卻嚴重影響發展中國家的基本經濟發展。在非洲亞撒哈拉地區，約有9.4億人仍然缺乏基礎電力供應設施。原本，天然氣發電可以迅速改善他們的生活。但由於《巴黎協定》禁止富裕國家及企業輸出相關技術，他們被逼等待更昂貴、技術條件也更高的潔淨能源。而更可悲的是，這些國家及地區的人民，往往是受氣候變化影響最深的一羣。

更虛偽的是，全球北方國家在《巴黎協定》生效後，仍然持續開發化石燃料，以牟取當中暴利。一份環保組織的研究報告顯示，在眾多2050年前將完成的新油氣田擴張計劃中，超過一半計劃屬於五個全球北方國家——美國、加拿大、澳洲、挪威和英國。事實上，自拜登政府上台以來，已經頒發了1453個新的石油和天然氣許可證，佔全球總許可證的一半。據估計，這些計劃將排放數十億噸的溫室氣體。而英國發出許可證予北海新的石油和天然氣田。這情況可說是赤裸裸的「只許富國鑽油、不許窮國燒煤」。

近年，注意到氣候倡議行動不平等的研究者和關注組織，都指出《巴黎協定》帶來了一種新的殖民模式，他們稱之為「碳殖民主義」(Carbon Colonialism)。若這個迫切的現實政治問題得不到解決，西方國家不放棄其浪費的生活模式以及化石能源背後的暴利，就算眾多全球南方國家「被迫」達到零碳排放，對於改善氣候變化問題也只是杯水車薪。然而，又有誰能迫使全球北方國家行動呢？畢竟，在台上對着全球指指點點的正是他們自己。以道德高地來綁架和遏制全球南方國家的發展，控告他國干犯自己所犯下的罪行，西方國家的伎倆可以堪稱是達到藝術境界，不禁令人在毛骨悚然中歎服。

掠奪堆砌的的品味

一提起法國，人們都會想到富麗堂皇的凡爾賽宮，一啖千金的 Romanee Conti 和只有它才能彰顯你是闊太的 Birkin。但在這個文明的背後隱藏的，是還在進行中的血腥與掠奪。20 世紀初，法國是繼英國後又一殖民地帝國，其版圖橫掃非洲西北部及中非的大片領土、印度洋上的島嶼，東及越南半島。然而，二戰以後，和很多歐洲國家一樣，法國的殖民地帝國開始瓦解。1958 年，法國幾乎肯定將失去其最珍貴的殖民地阿爾及利亞。在這個情況下，戰時領袖戴高樂（Charles de Gaulle）再次被擁立為法國的拯救者。戴高樂意識到殖民地帝國時代將結束，故利用他巨大的聲望，賦予 14 個非洲國家獨立。然而，他的行動遠非出於自由平等這些冠冕堂皇的理想。反之，他在建立一個後殖民時代的法蘭西帝國——一個名為「法非關係」（Françafrique）的獨特法國影響區。「法非關係」包括科特迪瓦（Senegal）、塞內加爾（Côte d'Ivoire）、幾內亞（Guinea）、馬里（Mali）、布基納法索（Burkina Faso）、尼日爾（Niger）、乍得（Chad）、中非共和國（Central African Republic）、加蓬（Gabon）、剛果共和國（Republic of the Congo）、喀麥隆（Cameroon）、貝寧（Benin）、多哥（Togo）、馬達加斯加（Madagascar）和毛里塔尼亞（Mauritania）。透過對這些國家政府的支持、經濟援助、文化交流以及持續的軍事合作，法國維持了其非洲利益，並繼續汲取這些國家的龐大資源。

在 1960 年至 1997 年間，戴高樂的總統顧問雅克・福卡特（Jacques Foccart）利用國家秘密機構「對外情報和反間諜局」（Service de Documentation Extérieure et de Contre-Espionnage）建立了一個龐大的控制網絡，維持着法國對法語非洲的影響力。通過防務協議，福卡特將除了幾內亞以外的所有前殖民地都與巴黎聯繫在一起；這些協議授予法國軍事基地和在各國進行武裝干預的權利。同時，透過簽訂條約，他確保法國能壟斷這些國家的鈷、銅、石油和鈾等戰略物資。更甚者，法國迫使這些前殖民地使用與法國法郎掛鈎的共同貨幣非洲法郎（CFA franc）。直到現在，這種貨幣仍然在西非和中非流通，並與歐元掛鈎。透過控制其貨幣，法國得以控制這些國家的經濟。此外，作為法國行政部門與法非關係非洲領導人之間的關鍵聯繫人，福卡特不但親自挑選這些國家的領導人，更通過秘密行動保護他們並鏟除他們的政治對手。

然而近年來，法國在非洲的影響力顯著減弱。自 2014 年起，法國在該地區部署約 5000 名精英部隊，開展巴爾赫內行動（Operation Barkhane），以應對薩赫勒地區（Sahel）的恐怖主義威脅。然而，法國的這一行動逐漸面臨來自當地政府和居民的抵制，俄羅斯看準了這一機會，開始在該地區擴展其影響力。而當時普京的副手，則是此前曾在莫斯科發動政變，後離奇墜機身亡的華格納集團（Wagner Group）創辦人及前指揮官普里戈任（Yevgeny Prigozhin）。2020 年，馬里發生政變，新上台的軍事政權對法國表示不滿，並邀請華格納集團進行合作。華格納集團迅速進入馬里，協助新政府對抗伊斯蘭叛亂分子，並在該地區建立了影響力。2021 年，中非共和國進一步加強了與俄羅斯的合作。華格納集團在該國經營金礦，並提供軍事保護，每年收入估計達到 1 億美元。俄羅斯在該國的存在不僅填補了法國撤軍後的權力真空，也鞏固了其在非洲的經濟和軍事影響力。2022 年，布基納法索（Burkina Faso）發生政變，新的軍事政府驅逐了法國部隊，並與俄羅斯建立了新的戰略夥伴關係。華格納集團迅速介入，以軍事力量協助新政府穩定局勢。2023 年，尼日爾新上台的軍事政權驅逐了法國部隊，並尋求俄羅斯的支持。華格納集團的僱傭兵進入尼日爾，進一步擴大了俄羅斯在撒赫勒地區的影響力。

這一系列事件標誌着法國在其前殖民地影響力的衰退，而俄羅斯則利用這些機會擴展其在非洲的勢力。俄羅斯的介入不僅僅是經濟合作和軍事支持，更是通過華格納集團在非洲建立起了一個新的影響力網絡，以圖在地中海以南反包圍西歐的北約成員國。然而，作為老牌殖民地帝國，法國在中非仍有一定影響力，並保有一系列軍事基地。例如，法國在吉布提仍擁有其最大的海外軍事基地，此基地被用作法國軍隊在非洲之角和紅海地區的主要據點。另一方面，法國則持續透過烏克蘭向俄羅斯施加壓力。在今年的諾曼第登陸紀念日（6月6日），法國總統馬克龍宣佈向烏克蘭提供幻影 2000-5（Mirage 2000-5）戰鬥機，並在法國培訓烏克蘭的飛行員。法國方面聲稱此舉是為了支持烏克蘭保衛其領土和領空；然而，難道此舉不也是為了報兩國在非洲大陸之冤仇？非洲大陸鹿死誰手，現在言之尚早；何況還有美國在背後持續干預。但可以肯定的是，生活在當地的非法人民在接下來的半個世紀都難有寧日，註定成為歐美大國角力不起眼的受害者。

自編自導自演的非法移民問題

近年來，越來越多的中南美洲移民試圖進入美國，這不單導致本土藍領階層就業不保，也衍生出毒品及其他犯罪問題。然而正所謂禍福無門、惟人自招，拉丁美洲難民問題是美國在中南美洲地區長期的政治、經濟和軍事干預所造成的結果。而為此付出代價的，卻是中南美洲的人民以及美國本土的選民。

要了解整個拉丁美洲難民問題，必需要追溯到 1954 年，當時美國中央情報局（CIA）推翻了民主選舉產生的危地馬拉政府哈科沃・阿本斯（Jacobo Arbenz），並以經濟和軍事支持該地區的多個獨裁政權。而當中美洲——特別是洪都拉斯和薩爾瓦多——的人民在 1970 及 1980 年代開始反抗獨裁政權時，美國為了防止親蘇聯左翼政黨執政，大力支持右翼軍事政權，容讓其進行血腥政治打壓，結果導致數千名政治難民逃往美國。根據 2018 年的數據，僅當年美國邊境巡邏隊就拘留了 225570 名來自危地馬拉、洪都拉斯和薩爾瓦多的移民。而隨獨裁政權而來的政治腐敗和暴力也是驅使中美洲人移民的重要因素。以洪都拉斯為例，該國長期以來一直是中美洲最貧窮和經濟最不平等的國家之一。在 1980 年代，美國支持的軍事政權對反對派施以酷刑及不人道對待，並利用該國作為支持尼加拉瓜反叛軍的訓練場。終於到了 2006 年，荷西・曼努埃爾・塞拉亞（José Manuel Zelaya）成為總統，並推出一系列經濟和政治改革。然而，2009 年軍事政變推翻了塞拉亞，美國政府迅速認可了新政權，自此以後，該國的謀殺率和腐敗情況急劇上升。根據世界銀行的數據，2016 年薩爾瓦多的謀殺率為每 10 萬人 83 人，洪都拉斯為每 10 萬人 57 人，危地馬拉為每 10 萬人 27 人；相比之下，美國的謀殺率僅為每 10 萬人 5.3 人。

毒品貿易是另一個驅使移民的因素。儘管特朗普曾將大多數移民描繪成來自邊境南部的幫派成員，但實際上，像瑪拉・薩爾瓦特魯查（Mara Salvatrucha，MS-13）這樣的幫派起源於美國洛杉磯。這些幫派隨着成員返回薩爾瓦多，再在當地落地生根並壯大。美國的「毒品戰爭」為暴力的非法毒品販子提供了完美的溫牀，卻對解決國內的毒品問題無濟於事。這些年來，北三角地區（洪都拉斯、危地馬拉和薩爾瓦多）的年輕人面臨加入幫派和死亡之間的人生抉擇。根據統計，自 2010 年以來，在宏都拉斯有超過 1500 名從事公共交通行業的人員被殺害，這些受害者多數是因為無法支付幫派的保護費而遭到殺害。可想而知，為甚麼這麼多南美年輕人會選擇冒險前往美國。

更甚者，近年來美國政府削減了對薩爾瓦多、洪都拉斯和危地馬拉的經濟援助，進一步加劇了當地的困境，再度迫使更多人逃離。僅 2018 年，美國就削減了這些國家數百萬美元的援助資金。而在同年五月，單月就有 132887 名移民在美墨邊境被拘留。另一方面，美國多年來都以經濟制裁的方式懲罰、威懾其聲稱獨裁和侵犯人權的國家和個人，結果卻進一步損害這些國家的經濟和生活水平。例如，特朗普政府在 2017 年、2019 年和 2020 年對委內瑞拉石油實施了廣泛的經濟制裁，理由是委內瑞拉總統尼古拉斯・馬杜羅（Nicolas Maduro）日益獨裁和侵犯人權。然而，這些制裁不單未能説服馬杜羅改變路線或實現政治變革，更令當地人民苦不堪言。多番制裁之後，委內瑞拉的石油產量下降至每年 210 億美元，導致該國經濟崩潰。通脹率超過百分之一百萬，進口下降 91%，食品進口下降 78%。這對委內瑞拉公眾造成了毀滅性的影響，但美國官員的聲明卻表明，制裁所造成的痛苦並非只是附帶損害，他們的目標仍然只是馬杜羅。今天，委內瑞拉的出走潮是世界上第二大難民危機。2022 年，有 18.9 萬名委內瑞拉人遷移到美國邊境，而 2020 年只有 4500 人。

隨着 2024 年美國總統大選接近，美國必須重迎審視拉丁美洲的移民問題，以及美國對拉丁美洲的干預政策。一直以來，縱使民主共和兩黨在這個問題上政策有很大分歧，但至少兩黨都認為需要管制移民湧入。然而，隨着非法移民日增，美國的人口結構將會改變，很可能影響兩黨的政治立場和決定。共和黨面臨的挑戰是白人非西班牙裔新教徒將在二三十年內成為少數。這將迫使共和黨重新考慮其長期的移民政策，並需要考慮將保守的拉美裔納入白人的概念中。民主黨則將繼續試圖擴大其選民基礎，提出更自由的移民政策。在這樣的背景下，非法移民問題將加劇美國的政治兩極化，兩黨也必須調整其政策，以吸引新的選民。

不過，美國對中南美的干預會因此停止嗎？墨西哥前總統波菲里奧・迪亞斯（Porfirio Díaz，1830—1915）曾說過：「可憐的墨西哥，離上帝太遠，離美國太近！」（¡Pobre México! ¡Tan lejos de Dios y tan cerca de los Estados Unidos! Poor Mexico, so far from God and so close to the United States!）的確，一個幸福快樂、人民安居樂業的拉丁美洲，美國可會樂見？

奴隸制度 2.0

「我會在美國和墨西哥邊境建立一道牆，阻絕非法移民！」2016 年特朗普的名言為他贏得白宮寶座。現在，人們擔心他再度當選後，帶來更極端的移民政策。然而，較少人關注的是，拜登治下的邊境和移民政策，真的對墨西哥非法移民更為友善嗎？有媒體發現，由於拜登政府較寬鬆的邊境政策，讓不法分子得以操控非法移民活動，從中謀取暴利，並在美國實行「奴隸制度 2.0」。

事實上，現在美國大部分的「粗重」工作，例如搬運、裝修、建築、洗碗等等，都是由墨西哥人包辦。他們當中不少甚至不諳英語，也沒人知道他們是否合法居留。而如果你認識對的人，更可以找來非法移民為你修理汽車、打理草地、或是丟棄傢俬，價格則只收正常價格一半。這情況一方面令美國的基層勞工怨聲載道，但另一廂，非法移民生活也絕不好受。真正獲益的，是操控偷渡活動的販毒集團。根據統計，在不足兩年半間，便有超過 600 萬非法移民越境；而操控偷渡活動的販毒集團，則從中輕易賺得數十億美元的走私費用。不少非法移民都是先向販毒集團墊支走私費用，再在美國打工還錢，這些費用有時可以高達 2 萬美元，折合約 15.6 萬港元。而在偷渡期間，不少人更受到「蛇頭」性侵或虐待。

更令人發指的是，不少非法移民只是約 12 歲的兒童，他們來到美國後，被強迫成為童工。根據統計，光是 27 個月之間，就有超過 37 萬名兒童在沒有父母陪伴的情況下，偷渡到美國南部邊境，而這些兒童中有三分之二從事建築、修路等危險的非法工作。他們一部分是被父母「賣」往美國，一部分則是為謀生而冒險。童工在美國已被禁止了近一個世紀，美國究竟發生了甚麼事？這要歸究於拜登政府針對非法入境兒童的政策。非法入境的兒童在被抓到後，會交由「資助者」(Sponsor) 照顧。但很多「資助者」都未經背景審查，結果不少不法分子便充當「資助者」，獲得非法入境兒童的監護權，再強迫他們非法工作賺錢。一些被父母「賣」往美國的兒童，則因為未能償清墊支的走私費用，被迫留下工作。這樣看來，拜登政府看似溫和的移民政策，讓非法入境的兒童留下並獲照顧，結果反為不法分子利用。

但這代表特朗普所提倡、耗資 200 億美元的邊境圍牆真的有用嗎？非也非也，道高一尺，魔高一丈。事實上，現在美國已經每年花費數十億美元巡邏漫長的美國邊境、建設監視設施、安排遣返等等。如此高昂的邊境管理花費，卻未能阻止上百萬的移民湧入美國，背後原因為何？一切全在供求。美國社會正缺乏大量的廉價勞工為他們擔當低薪勞累的工作，這些工作在美國無人問津，但對移民卻極具吸引力。對僱主而言，聘用非法移民可以省去醫療保險等勞工保障費用，更可以開出低於市價或最低工資的價格，賺盡每一分一毫，何樂而不為？在供求雙方都反應熱烈的情況下，移民問題怎能得到解決？有時事評論員認為，既然非法移民難以阻絕，倒不如由美國政府批出合法的工作簽證，讓他們在一定時間內在美國境內合法逗留及工作。此舉既可保障墨西哥移民的權益，又讓美國政府得以從不法分子手上奪回移民出入的控制權，加強監管。然而，鑑於移民問題當中牽涉錯綜複雜的利益關係，實在很難想像民主、共和兩黨得以合力推動這種法案。

事實上，世紀以來，美國一直十分依賴廉價勞工。立國之初，是黑奴支撐起其農業及龐大的棉花種植業。內戰以後，黑奴被禁，精打細算的美國商人將眼光轉向廉價的中國工人，故 19 世紀末一度令大量中國移民湧到美國。但就像今天的墨西哥移民面對的情況一樣，這些中國勞工被視為美國失業問題的禍根，受到嚴重歧視，甚至暴力對待。例如，1877 年便爆發了長達三天的反華騷亂（San Francisco riot of 1877），導致四名中國移民喪生，經濟損失不計其數。1882 年，美國更通過惡名昭彰的排華法案（Chinese Exclusion Act），限制華人出入境美國及移民。這是美國通過的第一部針對特定族羣的移民法。即便到了今天，雖然法案內容都早已被廢除，但是《美國法典》仍有「排除華人」(Exclusion of Chinese) 的內容。由此看來，今天墨西哥移民問題很大程度上只是歷史重演。一方面，美國需要大量廉價勞動力支撐其社會，另一方面，移民卻又被政客塑造成經濟問題的代罪羔羊。結果，美國公民和外地移民都是受害者，得益的又是只有政客和奸商。

苦澀的砂糖貿易

美國人是出了名的嗜糖。根據美國農業部的數據，美國人每年平均消耗 77.1 磅糖和相關甜味劑，這幾乎是該部門基於 2000 卡路里飲食建議限量的兩倍。嗜糖為美國社會帶來嚴重的健康問題。過去 30 年中，美國成年人的肥胖率從 56% 增至 71% ，而肥胖又與糖尿病和癌症等疾病密切相關，結果加重醫療系統的負荷。但這不單是健康問題，它同時是一個種族不公的問題。統計發現，黑人羣體更受肥胖問題影響。在非裔非西班牙裔女性中，糖尿病患病率是白人女性的兩倍，非裔男性的患病率也比白人男性高出一倍半。這與背後一系列的經濟和社會因素有關。首先，非裔美國人往往較為貧窮，這使他們更容易依賴廉價、高糖食品。其次，在某些美國黑人傳統飲食文化中高糖、高脂肪的食物較為常見，這也增加了糖尿病和肥胖的風險。此外，也有學者提出，非裔美國人獲得的健康教育和醫療保健服務不足，對過量攝取糖份的危害認識不足，故更易成為糖的受害者。但除了肥胖問題以外，非裔美國人在歷史上同時是糖業生產的受害者。

美國每年生產約 900 萬噸糖，位居全球第六。美國糖業每年獲得高達 40 億美元的補貼，當中包括用於穩定價格、保證作物貸款、關稅和進口調控。路易斯安那州的甘蔗業價值達 30 億美元，創造了約 1.54 萬個工作崗位。大部分國產糖留在美國，每年還有兩到三百萬噸進口。美國蓬勃的糖業可以上溯到立國以前，而其興起又與黑奴販賣息息相關。就如哈佛歷史學家 Walter Johnson 在他 1999 年的著作《靈魂交易》（*Soul by Soul: Life Inside the Antebellum Slave Market*）中寫道：「大西洋貿易大多是三角貿易：來自非洲的奴隸；來自西印度羣島和巴西的糖；來自歐洲的資金和製造品。」至 1720 年代，紐約港口的一半船只是從加勒比海進口糖和奴隸，並出口麵粉、肉類和造船材料。

但路易斯安那州糖業卻遲至 18 世紀末才開始發展。1795 年，新奧爾良糖種植者 Étienne de Boré 在路易斯安那領地顆粒化了第一批糖晶。隨着當地糖加工技術發展，糖種植園在密西西比河兩岸急速增長。這一切都要歸功於當地豐富的沖積土壤、來自海灣和加勒比甘蔗種植區經驗豐富的技術，以及成千上萬的奴隸。在半個世紀內，路易斯安那種植者生產了世界四分之一的甘蔗糖，並使該州成為人均財富第二高的州。在 1840 年，路易斯安那州銀行資本排名第三，僅次於紐約和馬薩諸塞州。這是因為當時奴隸也被當成資本，這些資本可用於投資和貸款，並為企業提供新資金。故此，大量資金又回流到糖廠，使糖業成為南方農業中最工業化的部門。而路易斯安那州奴隸人口也在 20 年內增加了四倍，至 19 世紀中期達 12.5 萬人。新奧爾良成為了奴隸銷售中心，且每個糖郡黑人人口都多於白人。這些奴隸是美國最熟手的勞工之一，從事着美國最危險的農業和工業工作。繁重的勞動和營養不良使在糖種植園工作的奴隸的平均壽命遠低於其他工種的奴隸。

1861 年，美國內戰爆發，北方的美利堅合眾國終在四年後獲得勝利，並如願解放黑奴。然而，名義上的解放並沒有為非裔美國人帶來真正自由。許多路易斯安那州的黑人發現甘蔗的壓榨工作幾乎沒有改變。縱使他們終於首次獲得民權，但白人種植者仍然主導土地所有權。解放的黑人只能住在別人的舊奴隸宿舍裏。作為工人，他們儘量談判最好的條件，簽訂長達一年的勞動合同，並頻繁地從一個種植園搬到另一個種植園，以尋找更優厚待遇。即便如此，在糖區生活的黑人仍然為種植園所掌控。19 世紀後期，許多非裔美國人渴望擁有或租賃自己的甘蔗農場，但卻面臨不少法理阻礙和歧視。相比白人，他們更難擁有自己的農場和土地；而糖公司也傾向於向白人佃農購買甘蔗。即便到了今天，非裔美國人所擁有的糖廠和甘蔗農場仍屬少數。根據業內人士估計，路易斯安那州共有十一定磨坊和 391 家甘蔗農場，而當中的黑人甘蔗農場主數量可能不到十位。更嚴重者，這些黑人農場主正面臨業內的壓迫。在白人主導之下，糖業業界對黑人場主非常不友善。部分黑人農場主相信，若情況不獲改善，十至十五年後只會剩下兩至三個由黑人主理的甘蔗農場。

糖業的興衰、發展和其背後的黑暗面，不單是美國史的縮影，也是全球史的縮影。學者 Ulbe Bosma 在其著作《糖的世界：甜蜜如何改變了我們的政治、健康和環境》(*The World of Sugar: How the Sweet Stuff Transformed Our Politics, Health, and Environment over 2000 Years*) 中指出，糖業在今天仍然是利潤極大的行業。為了保護其中龐大的利益，各企業和國家都在努力透過商業和法律手段控制供應過剩問題，以保持價格穩定。甘甜美食的背後，又是有色人種的苦澀，國際經濟系統的運作有時就是那麼簡單粗暴。

後記

只有天知道

2025 年 2 月 28 日，美國總統特朗普與副總統萬斯在白宮接待了來訪的烏克蘭總統澤連斯基。然而，這場原本旨在強化雙邊合作的高層會談，卻在媒體前演變成一場公開爭執。特朗普在會談中多次表現出不耐煩，甚至在談判破裂後當眾要求澤連斯基離開，導致雙方原定計劃簽署的《美烏礦產資源合作協議》(Ukraine—United States Mineral Resources Agreement) 告吹，並引發國際社會的廣泛關注。這一場景在全球媒體上迅速傳播，不僅讓美烏關係陷入緊張，也讓人質疑美國在援助烏克蘭問題上的真正動機。

事實上，美烏雙方爭執的核心問題在於烏克蘭豐富的礦產資源。根據北約能源安全卓越中心 (ENSEC COE) 的研究，烏克蘭擁有全球約 5% 的稀土金屬及其他礦物資源儲量，總計約 2 萬個天然礦藏涵蓋 116 種礦物。在 2022 年以前，烏克蘭在部分礦產名列全球前 10 大供應國，包括對半導體產業極為重要的鎵和石墨。此外，烏克蘭的鈦、鋰、鈾等戰略性礦物資源在歐洲亦名列前茅。這些資源對於全球高科技產業、電池生產、航太技術以及軍事裝備的發展至關重要，成為美國與其他西方國家高度關注的議題。美國對烏克蘭的援助不僅是為了抗衡俄羅斯的影響力，更包含對其豐富資源的利益考量。然而，特朗普政府在政策上過於強調短期回報，對烏克蘭提出極為直接的條件，要求其提供即時的經濟利益作為交換，例如美國企業在烏克蘭礦產開采上的優先權，甚至希望能直接控制部分礦區的生產與銷售權限。這種「強買強賣」的做法引起烏克蘭方面的不滿，最終導致雙方合作破裂。

與美國形成鮮明對比的，是英國在對烏政策上展現的外交手腕。2025 年 1 月 16 日，英國首相施凱爾（Keir Starmer）訪問基輔，與烏克蘭總統澤倫斯基簽署了為期 100 年的《英烏百年夥伴關係協議》(The UK-Ukraine 100 Year Partnership Declaration)。這項協議涵蓋安全防衛、科技、經濟、教育等多個領域，不僅確保英國對烏克蘭的長期軍事支持，還深入參與烏克蘭的戰後重建與經濟發展。根據協議內容，英國承諾持續提供武器、彈藥與全面的軍事訓練，並計劃與烏克蘭聯手生產先進的武器系統與彈藥。此外，英國協助烏克蘭建立快速反應機制，以應對潛在的安全威脅。更值得注意的是，英國與烏克蘭成立聯合工作組，共同規劃鋰、鈦和石墨等重要礦產的開採與發展方向。為確保資源開發順利推行，英國還協助烏克蘭制定完善的法律與政策框架，以確保資源開發的永續性與有效性，並吸引包括英國企業在內的外國資本與投資者。然而，這種表面上看似平等互惠的協議背後，實際上仍充滿英國的戰略算計，核心目的是確保對戰略資源的長期控制，這種操作模式不禁讓人聯想到 1953 年的伊朗政變。

1953 年，伊朗民選首相穆罕默德・摩薩台（Mohammad Mosaddegh）推動石油國有化，試圖終結英國對伊朗石油資源的長期控制。當時的英伊石油公司（Anglo-Iranian Oil Company，即今日 BP 石油公司前身）由英國政府主導，長期剝削伊朗的石油利益。摩薩台的政策獲得伊朗國會及絕大多數民眾支持，但英國政府無法容忍伊朗奪回資源主權，於是聯合美國發動經濟制裁，並向美國艾森豪威爾政府施壓，聲稱摩薩台的政策將使伊朗倒向蘇聯。

最終，在英美情報機關的策劃下，美國中央情報局發起代號為「阿賈克斯行動」（Operation Ajax）的秘密政變，推翻摩薩台政府，並扶植親西方的伊朗國王巴勒維（Mohammad Reza Pahlavi）重新掌權。隨後，英美兩國迅速恢復對伊朗石油資源的掌控，並進一步強化在中東的影響力。這場政變對伊朗國家發展造成深遠影響，不但破壞了伊朗的民主制度，更加劇了伊朗民眾對西方的不信任，成為 1979 年伊朗伊斯蘭革命的導火線。

如今，英國對烏克蘭的「百年夥伴關係」雖然措辭優美，卻仍是經濟殖民主義的現代翻版。英國以軍事援助和技術合作換取戰略資源，確保未來數十年對烏礦產的優先開發權。這種「綿裏藏針」的資源外交表面包裝為合作、實則是經濟掌控，與特朗普「簡單粗暴」的外交政策形成鮮明對比。但更值得關注的是，這次美烏談判破裂可能標誌着美國外交風格的轉變。自從二次世界大戰以來，以美國為首的西方陣型一般都是動用「自由，民主」等漂亮的口號作為進行戰爭或政變來實行經濟剝削的糖衣。然而特朗普政府則改為更直接、赤裸裸的交易模式，要求「以援助換資源」，甚至公然羞辱盟友。這種強硬外交方式，等同於把八十年來西方在國際舞台上行為外層的糖衣一下子剝掉。老百姓有兩句話：懂得看透而不說透，已經看穿而不說穿。現在特朗普都把事情說透、說穿了，英歐最近的行為就等同於繼續努力着修補這個糖衣包裝的故事。西方陣型的分道揚鑣，會為世界帶來甚麼後果呢？這裏只能套用毛主席的話，就是「只有天知道」。唯一肯定的是，八十年來的世界秩序，已經在那天白宮發生的潑婦罵街中消失了。